AF422506

Crisis litúrgica
y
Summorum Pontificum

Crisis litúrgica
y
Summorum Pontificum

Miguel Grosso

Índice

Introducción

La cuestión litúrgica es, quizás, el tema que más preocupó a Benedicto XVI. Los pasos dados durante su pontificado en tal sentido parecen testimoniarlo. Su trayectoria intelectual lo confirma.

El profesor Joseph Ratzinger manifestaba, ya terminado el Concilio Vaticano II, su desacuerdo con los límites impuestos a la libre celebración de la Santa Misa según el rito antiguo. Creía que tal prohibición (considerada por unos como de hecho y por otros, de derecho) era "trágica" y sólo podía ocasionar graves consecuencias en todo el Cuerpo. Esta postura la mantuvo siempre. Ya como Obispo de Munich, ya como Cardenal, ya como Prefecto. En ese sentido, es innegable su coherencia intelectual.

La tesis que compartía el otrora Cardenal Ratzinger con otros destacados prelados y laicos, puede resumirse así: las reformas litúrgicas posconciliares no han sido enteramente fieles a la letra de la constitución *Sacrosanctum Concilium* y, por tanto, a la voluntad expresa de los Padres conciliares. Esta situación se agravó al compás de una interpretación del Concilio basada en un supuesto "espíritu" que lo animaba, sin atender a los textos concretos producidos ni a la tradición de la Iglesia. ¿De dónde provendría el verdadero espíritu si no era de los textos mismos del Concilio?

Pensaba que el Concilio Vaticano II fue gravemente distorsionado por ciertos sectores de la Iglesia. Esta distorsión se hizo patente en una interpretación de sus documentos oficiales que promovía la ruptura con el pasado. A esta interpretación restrictiva y distorsiva del Concilio Vaticano II, Benedicto XVI la denominó "hermenéutica de la ruptura". La interpretación de los textos en clave de continuidad con la historia de la Iglesia fue reemplazada por un difuso "espíritu del Concilio", expresión que terminó siendo su antiespíritu.

A su entender, las consecuencias de este enfoque repercutieron muy negativamente en la liturgia de la Iglesia. El Vaticano II en la Constitución *Sacrosanctum Concilium* sentó las bases y estableció los principios para una reforma de la liturgia. Existía consenso generalizado en que dicha reforma era necesaria, no para eliminar el pasado de la Iglesia haciendo tabla rasa con la tradición sino para promover las adaptaciones necesarias a tenor de la realidad. El movimiento litúrgico que surge en el siglo XIX y cobra impulso en el XX acompañado por San Pio X y Pio XII, había madurado y desembocaba en el Concilio. No existió ni en la letra de los textos ni en la mente de los Padres Conciliares ni en su espíritu, el deseo o la decisión de fundar una nueva Iglesia.

Este antiespíritu penetró en la liturgia católica y explica en parte la anarquía vivida durante los años 70 así como el estado de desolación en el que se sumergió posteriormente. Pese a los esfuerzos desplegados por Pablo VI y Juan Pablo II, los frutos de la renovación litúrgica querida por el Concilio están muy lejos de lo esperado.

Este sería sintéticamente el pensamiento del papa Benedicto XVI. En concordancia con el mismo podemos distinguir cuatro niveles:

1.En un primer nivel encontramos a la Constitución *Sacrosanctum Concilium* del Concilio Vaticano II. Es la que establece la voluntad de reformar la liturgia católica estableciendo los principios y algunas normas prácticas a partir de las cuales debería articularse la renovación. Esta última misión es asignada a la Sede Apostólica.

2.En un segundo nivel encontramos a la Comisión creada por Pablo VI para elaborar el proyecto de reforma litúrgica, conocida como el *Consilium*.

3.En un tercer nivel encontramos las instrumentaciones prácticas de la reforma. Aquí conviene señalar la actividad desarrollada por diversos dicasterios de la Curia romana y las diversas Conferencias Episcopales.

4.En un cuarto nivel encontramos cómo las instrumentaciones prácticas de la reforma son aplicadas libremente por algunos, con escaso apego a su letra y poco espíritu de obediencia.

Ahora bien. Debemos decir que de los cuatro niveles, el único que no se discute es el primero. Todos los demás son perfectibles y merecen ser debatidos en los contenidos producidos y en las consecuencias que ocasionaron. El cuarto nivel, especialmente, es un lastre lamentable que aún sufrimos.

La desolación litúrgica se explica por la pérdida del sentido de la adoración a Dios. Esta es la esencia de la liturgia. Este es su verdadero espíritu. La adoración del hombre a Dios por Jesucristo en el Espíritu Santo. La liturgia perdió su verdadero centro, que es Dios, y asumió un falso centro, que es el hombre. De ser obra de Dios para el hombre pasó a ser obra del hombre para Dios. A partir de este momento, la creatura se transformó en creador, sustituyéndolo, y se arrogó tanto el derecho como el deber de "hacer" la liturgia por sí mismo. De esto a la destrucción de la liturgia había un paso.

La liturgia dejó de ser algo recibido por la Iglesia. Un patrimonio, un tesoro que le encomendaban y debía cuidar y guardar, principalmente. Pasó a ser algo que era posible cambiar a gusto por las comunidades que celebraban. Viró a un comunitarismo festivo y con él al concepto de que era posible que cada Iglesia (particular, parroquial, etc.) celebrara según sus usos. Por no decir, sus deseos. Se quebró la comunión con la Iglesia universal. Por supuesto, todo esto sazonado con innumerables abusos de todo tipo.

De una comunidad de fieles que adora a Dios, pasamos a una comunidad de fieles que festeja, o mejor dicho, que se autofesteja. Del sacerdote que celebra el sacrificio pasamos al "presidente" que recibe a los fieles en el banquete. Del sacrificio nadie habla. Del altar pasamos a la mesa. De Cristo vivo en la Eucaristía al Cristo vivo en la Palabra y la comunidad, oscureciendo su presencia real en la Hostia consagrada, hasta negarla prácticamente. De la adoración al vaporoso "encuentro". Todo se rebajó. Nivelamos para abajo. Pusimos patas para arriba dos mil años de tradición litúrgica como nunca antes se había hecho en toda la historia de la Iglesia.

Un aspecto insoslayable de la anarquía litúrgica posconciliar es la confusión doctrinal que trajo como consecuencia. Según la célebre máxima *lex orandi lex credendi*, existe un íntimo vínculo entre lo que oramos y lo que creemos. Oramos lo que creemos. Luego, vivimos en consecuencia. Si no vivimos lo que oramos y creemos, entonces oramos y creemos como vivimos.

Aquellos vientos litúrgicos posconciliares en donde parecía todo permitido, habilitaron fuertes tempestades doctrinales. Así como se creyó que litúrgicamente era todo lícito en aras de la creatividad y la inculturación, también se creyó que podía reinventarse la religión desde cero, arrumbando al Magisterio de la Iglesia como una opinión más, de valor tan importante como la de cualquier experto (por lo general, así autonominados) con ansias de figuración. El desorden litúrgico servía de soporte a la confusión doctrinal y ambas se propagaban alegremente. La liturgia anarquizada, primera catequesis del pueblo fiel, sembraba el desorden doctrinal en todo el Cuerpo. Lo popularizaba. Ya nadie sabía a qué atenerse: si a lo que decía el Papa, el Obispo o el cura. Y cuál cura u Obispo.

O si tenía razón aquel teólogo o este escriturista. Se relativizó la verdad porque primero se relativizó la liturgia. La Iglesia se protestantizó.

He aquí, entonces, el broche de oro de la tesis que el Cardenal Ratzinger compartía y que sostiene como Benedicto XVI: el origen de la crisis de la Iglesia es, principalmente, litúrgico.

El derecho del hombre reemplazó al derecho de Dios. Dios Todopoderoso tiene derechos sobre el hombre creado. El primero es ser adorado como El quiere ser adorado. Las reglas las pone El, no nosotros. La liturgia es algo que viene del cielo y desciende al hombre y no al revés, que crea el hombre para ir al cielo. La liturgia se celebra como El quiere no como se le ocurre al pueblo o al cura. Cuando se viola la norma litúrgica, que es tradicional por excelencia, y no pasa nada, entonces, se puede violar cualquier otra cosa. Si celebro la Misa como se me antoja, ¿por qué no podré pensar como se me antoja? Si celebro enrevesadamente amparado en mil pretextos, ¿por qué no podré justificar cualquier disparate teológico?

La anarquía litúrgica de la década del 70 no ha sido gratis para la Iglesia. Ha dejado heridas muy profundas. La más importante es la profundización del relativismo doctrinal que permite justificar el oscurecimiento del Magisterio por la opinión de los supuestos expertos. Esta aberración expertista, ha originado una gran confusión doctrinal, que atraviesa a toda la Iglesia en todos los órdenes.

Cuando Benedicto XVI produjo el motu proprio *Summorum Pontificum* liberando la celebración de la Santa Misa según el rito tradicional, muchas voces se levantaron para atacarlo injustamente. Repitieron que traicionaba al Concilio Vaticano II porque la renovación litúrgica era la piedra angular del mismo. Como si toda la renovación litúrgica hubiera consistido en exterminar a la Santa Misa tradicional. Olvidaban, por supuesto, que Juan Pablo II ya había dictado normas relativas a hacer más flexible dicha celebración. Y, además, que esa fue la Misa celebrada durante todo el Concilio, desde que empezó hasta que terminó. Hubo muchas críticas prejuiciosas cargadas de ideologismo demodé. Esa vocinglería demagógica impedía apreciar en su justo término el paso dado por el Papa.

En primer lugar, el Papa traía paz a la Iglesia al poner término a una discusión de casi cincuenta años. A saber: si la Santa Misa tradicional había sido abrogada por las reformas posconciliares. Dejó muy en claro que no, que en ningún momento se produjo la abrogación de la misma.

En segundo lugar, hizo justicia con la Santa Misa tradicional al ratificar lo obvio para cualquier católico: que lo que fue santo para las generaciones pasadas no puede dejar de serlo para las presentes. No tenía sentido seguir tratando a los fieles de esta Misa como "leprosos"[1], tal como hacían algunos.

En tercer lugar, dio pasos concretos para gestar la plena unidad de la Iglesia con todos aquellos católicos que siguen identificados o se han identificado con la Santa Misa tradicional.

El Concilio buscó poner la liturgia en el centro de la vida de la Iglesia. La renovación debía nacer de los corazones hacia afuera y no agotarse sólo en lo externo, el mero cambio de las formas. Para ser fiel no podía cortar con dos mil años de historia sino integrarla en un sano progreso. La liturgia pedía y debía ser fruto del desarrollo orgánico de la tradición.

Luego de implementada la reforma, la Iglesia asistió a gravísimas violaciones de la reforma misma. Amparados en sanos principios tales como la participación activa de los fieles en las celebraciones, el mayor conocimiento de las Sagradas Escrituras por el pueblo, la valoración de lo comunitario, la sana inculturación de lo litúrgico, el uso del idioma vernáculo, etc., asistimos a verdaderas profanaciones justificadas en el "espíritu" del Concilio. Un mal espíritu se apoderó de algunos: falta de cumplimiento de las normas litúrgicas, creacionismo exacerbado y sin límites, sincretismo, falso ecumenismo, etc.

El pensamiento del mal espíritu podría sintetizarse así:

1.El Concilio Vaticano II terminó con cuatrocientos años de oscurantismo eclesiástico. Abrió las puertas de la Iglesia para que se actualice a la par que volvía a las fuentes del auténtico cristianismo. Esto es falso. La Iglesia fundada por Jesús es la misma ayer, hoy y siempre. Como su Fundador. No hay dos Iglesias. Hay una sola. La del Vaticano II no existe como no existe la de Trento o la de Nicea. Existe la Iglesia una, santa, católica y apostólica desde Nicea hasta el Vaticano II.

2.Existe una Iglesia preconciliar y otra conciliar. La primera es hija de la reacción frente al progreso. La segunda es fruto de la integración a la modernidad. Esto es falso por los mismos motivos ya acotados.

3.La liturgia es obra de la comunidad que celebra. Esto es falso. La liturgia es obra de Dios.

4.La Misa es la comunidad que se reúne para alabar a Dios y compartir la Cena del Señor. No es así. La Misa es el sacrificio incruento de Cristo en la Cruz, al cual la comunidad asiste y de la cual participa, para dar gloria, gracias y alabanzas a su Creador y santificarse. Si no "come" el pan sagrado, igual es Misa. No está obligada la comunidad a comer para celebrar. Por eso, corresponde hablar primero de altar y luego de mesa.

5.Pérdida del sentido de lo sagrado. Por eso, pareciera que cualquier disparate está permitido en la Misa: bailar, cantar canciones a la moda sin el más mínimo sentido religioso, disfrazarse, aplaudir frenéticamente, montar un espectáculo, predicar el propio evangelio, etc.

6.Pérdida de la conciencia de la presencia real de Cristo en la Santa Eucaristía. Fomentado esto por prácticas tales como recibir el Santísimo en la mano.

7.Reemplazo de la Eucaristía como Cuerpo de Cristo a la comunidad como Cuerpo de Cristo. Esto es una verdad a medias. Es cierto que la comunidad es el Cuerpo místico de Cristo. Pero el Cuerpo real, sustancial del Señor es la Eucaristía.

8.Dios dejó de ser el centro de las celebraciones. Lo reemplazó el hombre.

9.Pérdida de la conciencia de la Misa como sacrificio de Cristo. Un concepto que asombra a cualquier cristiano cuando se le plantea.

10.Pérdida del sentido del misterio en la liturgia con su consecuente secularización.

11.Excesivo protagonismo de los sacerdotes en las celebraciones. Esto derivó en abusos tales como homilías inacabables, palabrerío exuberante en cuanta celebración haya, innovaciones indebidas a los textos del Misal, prédicas de las teorías del propio celebrante que reemplazan al Evangelio que predica la Iglesia, ignorancia culpable de las rúbricas, experimentos con ministros de otras religiones, concelebración con "sacerdotisas" de otros cultos, etc. En una palabra: clericalismo potenciado como nunca antes en la historia de la liturgia.

La renovación litúrgica alentada por Benedicto XVI no se agotaba en el motu proprio *Summorum Pontificum*, pero tampoco se entendía sin él. Comoquiera que sea, todo este impulso papal quedó prácticamente frustrado a partir del 13 de abril de 2013, elección de Francisco, Cardenal Jorge Bergoglio. Sólo nos quedó el motu proprio. Que no es poco. Por eso aún, pese al tiempo transcurrido, vale la pena estudiarlo.

M.A.G.

La liturgia católica

"¿Qué hay más importante para la Iglesia que la liturgia? La liturgia es el cuerpo de la Iglesia. Es la fe hecha visible. Si la liturgia se enferma, se enferma la Iglesia entera. Esto no es meramente una hipótesis sino una descripción de la situación actual. No podemos presentarlo con la suficiente radicalidad; la crisis de la Iglesia ha hecho posible que su mayor tesoro, su *arcanum*, fuera barrido del centro a la periferia." Martín Mosebach.[2]

La liturgia es el culto público de la Iglesia. Tiene dos dimensiones. Es el culto público que Jesucristo como Cabeza de la iglesia rinde al Padre Eterno. Y es el culto público que los cristianos rendimos a Jesucristo y por medio de Él a Dios Padre.

Sintéticamente: la liturgia es el culto integral del Cuerpo Místico de Cristo, la Iglesia; esto es, de la Cabeza, Jesucristo, y de sus miembros, los fieles cristianos.[3]

Podemos definirla también diciendo que la liturgia es la celebración del Misterio de Cristo y en particular de su Misterio Pascual. Mediante el ejercicio de la función sacerdotal de Jesucristo, se manifiesta y realiza en ella, a través de signos, la santificación de los hombres; y el Cuerpo Místico de Cristo, esto es la Cabeza y sus miembros, ejerce el culto público que se debe a Dios.[4]

La liturgia es de institución divina. Dios es el sujeto de la liturgia.

"El auténtico creyente, en todo tiempo, experimenta en la liturgia la presencia, el primado y la obra de Dios. Ella es "veritatis splendor" (Sacramentum Caritatis, 35) acontecimiento nupcial, pregustación de la ciudad nueva y definitiva y participación de ella; es vínculo de creación y de redención, cielo abierto sobre la tierra de los hombres,

paso del mundo a Dios, es Pascua, en la cruz y en la resurrección de Jesucristo; es el alma de la vida cristiana, llamada al seguimiento, reconciliación que mueve a la caridad fraterna."[5]

Este culto público se tributa cuando se ofrece en nombre de la Iglesia por las personas legítimamente designadas y mediante actos aprobados por la autoridad misma de la Iglesia.[6] La ordenación de la sagrada liturgia depende exclusivamente de la autoridad de la Iglesia, que reside en la Sede Apostólica y, según las normas del derecho, en el Obispo diocesano.[7]

La liturgia es obra de Cristo y también acción de la Iglesia.[8] No agota toda la acción de la Iglesia.[9] Debe ser precedida por la evangelización, la fe y la conversión; sólo así puede dar sus frutos en la vida de los fieles: la Vida nueva según el Espíritu, el compromiso en la misión de la Iglesia y el servicio de su unidad.[10]

"La liturgia cristiana ha nacido en continuidad con las palabras y gestos de Jesús y desarrollando la herencia ritual del judaísmo."[11]

La liturgia es la cumbre a la que tiende la acción de la Iglesia y, al mismo tiempo, la fuente de donde mana toda su fuerza.[12]

"Es su fuente porque, sobre todo en los sacramentos, los fieles reciben abundantemente el agua de la gracia, que brota del costado de Jesús crucificado (...) Y también su culmen, sea porque toda la actividad de la Iglesia tiende hacia la comunión de vida con Cristo, sea porque en la Liturgia es donde la Iglesia manifiesta y comunica a los fieles la obra de la salvación, realizada por Cristo una vez para siempre."[13]

Por lo tanto, es el lugar privilegiado de la catequesis del Pueblo de Dios.[14]

"Toda la vida litúrgica gira en torno al sacrificio eucarístico y a los demás sacramentos, por los que llegamos a la fuente misma de la salvación (cf. Isaías 12,3)."[15]

La liturgia es también participación en la oración de Cristo dirigida al Padre Eterno en el Espíritu Santo. En ella toda oración cristiana encuentra su fuente y su término.[16]

Se considera a la liturgia como el ejercicio de la función sacerdotal de Jesucristo: mediante signos sensibles, se significa y se realiza la santificación del hombre.[17] Esto lo hace la Iglesia:

En primer lugar en el Altar, donde es perpetuamente celebrada la Santa Misa.

En segundo lugar mediante los sacramentos, por los cuales los hombres participan en la vida sobrenatural.

En tercer lugar con el cotidiano tributo de alabanzas ofrecidas a Dios en las oraciones de todos los fieles.[18]

Por ello, toda celebración litúrgica, como obra de Cristo sacerdote y de su Cuerpo, que es la Iglesia, es acción sagrada por excelencia cuya eficacia, con el mismo título y en el mismo grado, no la iguala ninguna otra acción de la Iglesia.[19]

En toda acción litúrgica está presente Jesucristo Señor Nuestro:

"Si en la liturgia no emergiese la figura de Cristo, que está en su principio y que está realmente presente para hacerla válida, ya no tendríamos la liturgia cristiana, toda dependiente del Señor y toda suspendida de su presencia creadora."[20]

Jesucristo está presente en el Augusto Sacramento del Altar, la Santa Misa, bien en la persona de su ministro, bien, principalmente, bajo las especies eucarísticas. Está presente también en los sacramentos con la virtud que en ellos transfunde para que sean instrumentos eficaces de santidad. Y está presente en las alabanzas y en las súplicas dirigidas a Dios, como está escrito en Mateo 18,20:

"Donde están dos o tres congregados en mi nombre, allí estoy yo en medio de ellos."[21]

La acción litúrgica se inicia con la misma fundación de la Iglesia. Los primeros cristianos, en efecto, "perseveran en oir la enseñanza de los Apóstoles y en la unión en la fracción y en la oración (Hechos 2,42)."[22]

Toda la liturgia tiene un contenido de fe católica, en cuanto atestigua públicamente la fe de la Iglesia.[23] La acción litúrgica nunca puede ser considerada genéricamente, prescindiendo del misterio de la fe.[24]

"La liturgia es la oración pública de la Iglesia, el acto de culto, no privado, ni de un solo hombre, sino de la comunidad de los bautizados reunidos alrededor del santo sacrificio del altar. La liturgia que allí se celebra no es sólo la transmisión de la Palabra de Dios al hombre y su santificación a través de los sacramentos, esa oración es también y sobre todo un conjunto de formas sensibles que elevan al hombre hacia Dios y lo ayudan a glorificarlo y a rendirle el culto debido."[25]

En "Introducción al espíritu de la liturgia", el cardenal Joseph Ratzinger se plantea la cuestión de si la liturgia es esencialmente adoración a Dios. Responde que sí, que la liturgia es esencialmente adoración a Dios. Define la adoración como la entrega de todo a Dios, de la historia y del cosmos, a partir de nosotros mismos: esta es la esencia del culto y del sacrificio. Es liturgia cósmica porque integra la adoración en la redención. Esta concepción cósmica y alegórica proviene de los comentadores y de los padres, desde Teodoro de Mopsuestia a Máximo el Confesor, y ha caracterizado a la liturgia de los orientales en particular, pero también a la liturgia ambrosiana y la romana.[26]

La Iglesia y los Santos Padres cuando se discutía de una verdad controvertida o puesta en duda, recurrían a la sagrada liturgia transmitida desde la antigüedad para resolver el entuerto planteado. Así nació la conocida sentencia: "Que la ley de la oración establezca la ley de la fe" *(Lex orandi, lex credendi).*[27] Como sintetiza el destacado liturgista Monseñor Nicola Bux:

"A partir del modo de orar se comprende en qué creemos. Pero también es de nuestro modo de creer de donde se deriva el modo de orar."[28]

Y agrega Benedicto XVI:

"La correspondencia de la plegaria de la Iglesia (lex orandi) con la regla de la fe (lex credendi) plasma el pensamiento y los sentimientos de la comunidad cristiana dando forma a la Iglesia, Cuerpo de Cristo y templo del Espíritu Santo".[29]

Y nos recuerda Pio XII:

"La liturgia, pues, no determina ni constituye en un sentido absoluto y por virtud propia la fe católica; pero siendo también una profesión de las verdades celestiales, profesión sometida al supremo Magisterio de la Iglesia, puede proporcionar argumentos y testimonios de no escaso valor para aclarar un punto particular de la doctrina cristiana. De aquí que si queremos distinguir y determinar de manera absoluta y general las relaciones que existen entre la fe y la liturgia, podemos afirmar con razón: "La ley de la fe debe establecer la ley de la oración."[30]

El deber fundamental del hombre es el de orientarse hacia Dios a sí mismo y a su propia vida. [31] Así como el hombre tiene el deber de rendir culto a Dios y Dios tiene el derecho de ser adorado, el hombre tiene el derecho a una liturgia legítima, conforme a las reglas de la Iglesia.[32]

La liturgia viene de Dios. San Benito la llamaba *"opus Dei"*, obra de Dios. Es Dios quien dice cómo quiere ser adorado. Fue instituida por El. No es obra del hombre. Por eso es sagrada y tiene sus reglas. Es una acción que ha sido confiada a la Iglesia. El celebrante no es el dueño de la liturgia sino su servidor. No es algo suyo que pueda alterar a discreción: es un tesoro que le fue dado para preservar. La liturgia es un don, hoy día amenazado por la secularización. Por lo mismo, nadie aunque sea sacerdote, añada, quite o cambie cosa alguna por iniciativa propia en la liturgia.[33]

"La sagrada liturgia ostenta este atributo porque no está hecha a nuestra imagen-en tal caso el culto sería idolátrico, es decir, creado por nuestras manos-sino que está hecha por el Señor Omnipotente: en el Antiguo Testamento, con su presencia indicaba a Moisés como debía predisponer en sus mínimos detalles el culto al Dios único, junto a su hermano Aarón. En el Nuevo Testamento, Jesús hizo otro tanto al defender el verdadero culto expulsando a los mercaderes del Templo y dando a los Apóstoles las disposiciones para la Cena pascual."[34]

Y en la misma línea, Monseñor Guido Marini, Maestro de las Celebraciones Litúrgicas Pontificias durante el papado de Benedicto XVI, explicaba:

"Por lo tanto, afirmar que la liturgia es sagrada significa subrayar el hecho de que no vive de las invenciones esporádicas o de las "ocurrencias" siempre nuevas de alguna persona o de algún grupo. La liturgia no es un círculo cerrado en el que decidimos encontrarnos tal vez para animarnos mutuamente y sentirnos

protagonistas de una fiesta. La liturgia es convocación por parte de Dios para estar en su presencia; es Dios que se deja encontrar en nuestro mundo."[35]

Podemos concluir este capítulo con las palabras del Cardenal Cañizares:

"La Iglesia, las comunidades y los fieles cristianos tendrán vigor y vitalidad, vivirán una vida santa, serán testigos vivos, valientes, fieles e incansables anunciadores del Evangelio, si viven la liturgia y si viven de ella; si beben de esta fuente y se alimentan de ella, porque así vivirán de Dios mismo y de su gracia, que es en Quien radica la santificación, la fuerza, la vida, la capacidad y valentía evangelizadora, toda la aportación de la Iglesia a los hombres y al futuro de la humanidad. El futuro del hombre está en Dios: el cambio decisivo del mundo está en Dios-nada más que en Dios, y en su adoración verdadera. Y ahí está la liturgia."[36]

La crisis posconciliar

El desarrollo histórico de los acontecimientos tras la conclusión del Concilio Vaticano II, configuró una grave crisis caracterizada por:

1. Confusión doctrinaria.

2. Deserción masiva de sacerdotes y religiosos.

3. Caída abrupta de las vocaciones al sacerdocio y a la vida religiosa.
4. Inicio de un veloz proceso de secularización *ad intra* la Iglesia.

5. Afirmación de un magisterio paralelo.

6. Inicio del proceso de desobediencia con ribetes escandalosos.

7. Libertad de conciencia autónoma de Dios y de la Iglesia.

La confusión doctrinaria fue tan grave, que mereció un documento de la Congregación para la Doctrina de la Fe titulado "Carta a los presidentes de las Conferencias Episcopales sobre los abusos en la interpretación de los decretos del Concilio Vaticano II."[37] Fechada el 24 de julio de 1966, es decir, a siete meses de finalizado el Concilio y de carácter secreto.

El documento comienza diciendo que "hay que lamentar que de diversas partes han llegado noticias desagradables acerca de abusos cometidos en la interpretación de la doctrina del Concilio, así como de opiniones extrañas y atrevidas" (...) "parece que se han traspasado los límites de una simple opinión o hipótesis y en cierto modo ha quedado afectado el dogma y los fundamentos de la fe". De inmediato señala los errores:

1."Ante todo está la misma Revelación sagrada: hay algunos que recurren a la Escritura dejando de lado voluntariamente la Tradición, y además reducen el ámbito y la fuerza de la inspiración y la inerrancia, y no piensan de manera correcta acerca del valor histórico de los textos.

2.Por lo que se refiere a la doctrina de la fe, se dice que las fórmulas dogmáticas están sometidas a una evolución histórica, hasta el punto que el sentido objetivo de las mismas sufre un cambio.

3.El magisterio ordinario de la Iglesia, sobre todo el del Romano Pontífice, a veces hasta tal punto se olvida y desprecia, que prácticamente se relega al ámbito de lo opinable.

4.Algunos casi no reconocen la verdad objetiva, absoluta, firme e inmutable, y someten todo a cierto relativismo, y esto conforme a esa razón entenebrecida según la cual la verdad sigue necesariamente el ritmo de la evolución de la conciencia y de la historia.

5.La misma adorable persona de Nuestro Señor Jesucristo se ve afectada, pues al abordar la cristología se emplean tales conceptos de naturaleza y de persona, que difícilmente pueden ser compatibles con las definiciones dogmáticas. Además serpentea un humanismo cristológico para el que Cristo se reduce a la condición de un simple hombre, que adquirió poco a poco conciencia de su filiación divina. Su concepción virginal, los milagros y la misma Resurrección se conceden verbalmente, pero en realidad quedan reducidos al mero orden natural.

6.Asimismo, en el tratado teológico de los sacramentos, algunos elementos o son ignorados o no son considerados de manera suficiente, sobre todo en lo referente a la Santísima Eucaristía. Acerca de la presencia real de Cristo bajo las especies de pan y de *vino no faltan los que tratan la cuestión favoreciendo un simbolismo exagerado, como si el pan y el vino no se convirtieran por la transubstanciación en el Cuerpo y la Sangre de Nuestro Señor Jesucristo, sino meramente pasaran a significar otra cosa. Hay también quienes, respecto a la Misa, insisten más de la cuenta en el concepto de banquete (ágape), antes que en la idea de Sacrificio.*

7.Algunos prefieren explicar el sacramento de la Penitencia como el medio de reconciliación con la Iglesia, sin expresar de manera suficiente la reconciliación con el mismo Dios ofendido. Pretenden que para celebrar este sacramento no es necesaria la confesión personal de los pecados, sino que sólo procuran expresar la función social de reconciliación con la Iglesia.

8.No faltan quienes desprecian la doctrina del Concilio de Trento sobre el pecado original, o la explican de tal manera que la culpa original de Adán y la transmisión del pecado al menos quedan oscurecidas.

9.Tampoco son menores los errores en el ámbito de la teología moral. No pocos se atreven a rechazar la razón objetiva de la moralidad; otros no aceptan la ley natural, sino que afirman la legitimidad de la denominada moral de situación. Se propagan opiniones perniciosas acerca de la moralidad y la responsabilidad en materia sexual y matrimonial.

10.A todo esto hay que añadir alguna cuestión sobre el ecumenismo. La Sede Apostólica alaba a aquellos que, conforme al espíritu del decreto conciliar sobre el ecumenismo, promueven iniciativas para fomentar la caridad con los hermanos separados, y atraerlos a la unidad de la Iglesia, pero lamenta que algunos interpreten a su modo el decreto conciliar, y se empeñen en una acción ecuménica que, opuesta a la verdad de la fe y a la unidad de la Iglesia, favorece un peligroso irenismo e indiferentismo, que es completamente ajeno a la mente del Concilio."

Descritos tan claramente lo que llama "errores y peligros", encomienda de inmediato que "conforme a su misión y obligación" la legítima autoridad "trate de solucionarlos o prevenirlos" informando a la Santa Sede del resultado de tales acciones.

Pregunto yo: ¿alguien descubre alguna similitud con la actualidad? Pasaron más de cincuenta años y parece escrito ayer.

En medio de este clima de confusión, desorden y desobediencia, se implementó la reforma litúrgica. Visto a la distancia, evidentemente, no era el mejor clima.

"Recuerdo bien la mentalidad entonces difundida: era necesario cambiar, crear algo nuevo. Aquello que habíamos recibido, la tradición, era vista como un obstáculo. La reforma fue entendida como obra humana, muchos pensaban que la Iglesia era obra de nuestras manos y no de Dios. La renovación litúrgica fue vista como una investigación de laboratorio, fruto de la imaginación y de la creatividad, la palabra mágica de entonces." [38]

La liturgia vivió su propia crisis. O mejor dicho: comenzó a vivirla, porque todavía no terminó.

"La crisis en la liturgia comienza en el momento en que ésta cesa de ser adoración, cuando se reduce a la celebración de una comunidad específica en la que los sacerdotes y obispos, en lugar de ser ministros, es decir, servidores, se transforman en "líderes" (Bux).

La Santa Misa

Hasta la renovación litúrgica posconciliar, la Iglesia celebraba la Santa Misa de rito romano o latino (la que conocemos la mayoría de los católicos de Occidente) según los libros reelaborados por el papa San Pio V después del Concilio de Trento.

Ni el Concilio de Trento ni el papa San Pio V inventaron la Misa impropiamente llamada tridentina. En realidad, ésta alcanzó su forma con los papas San Dámaso I (366-384) y San Gregorio Magno (590-604). Lo que San Pio V hizo en 1570 fue reelaborar y purificar el Misal en uso de añadidos considerados espurios, manteniéndolo fiel a las tradiciones. En rigor, la diferencia con el anterior Misal era mínima. No prohibió el uso de misales anteriores siempre que tuvieran una antigüedad de por lo menos doscientos años. Allí donde esto no podía demostrarse, correspondía dudar de su catolicidad, y se ordenaba la utilización del nuevo Misal. Esta medida se tomó en virtud de la confusión litúrgica causada por la reforma protestante. Pero en ningún momento se pretendió imponer la uniformidad litúrgica. De hecho, este Misal convivió en Occidente con aquellos otros de más de doscientos años de antigüedad.

El Misal reelaborado por San Pio V sufrió diversos cambios a lo largo de los siglos. Cambios introducidos respetando su integridad y con total fidelidad a la tradición. El último de ellos lo realizó Juan XXIII en 1962. Este fue el Misal utilizado en el Concilio Vaticano II. Con él se inició y se desarrolló; y con él se clausuró.

"La única cosa sobre la cual los Romanos Pontífices no cesaron de insistir desde el siglo V en adelante, fue en la importancia para todos de adoptar el Canon Misae Romanae, dado que dicho canon se remonta nada menos que al mismo apóstol Pedro."[39]

De manera que es impropio hablar de Misa "tridentina". Lamentablemente, algunos utilizan esta expresión con desprecio. Con tono peyorativo. Es mejor referirse a ella como Misa gregoriana o clásica. O Misa tradicional. O Misa según el *usus antiquior*. O Misa Dámaso-gregoriana. O hablar directamente del rito antiguo.

A raíz de las reformas posconciliares, la Misa de rito romano o latino sufrió cambios radicales reflejados en un nuevo Misal promulgado por Pablo VI el 3 de abril de 1969, que vino a reemplazar al Misal de San Pio V. A partir de este momento, algunos hablan de Misa "nueva" o *novus ordo*. Es la Misa que conocemos la mayoría de los católicos. La que se celebra en nuestros templos todos los días. Tal como sucedió con el Misal de San Pio V, el Misal de Pablo VI tuvo también algunos cambios, que no alteraron su esencia.

Los auténticos cambios a la Misa aprobados por Pablo VI fueron rápidamente puestos en práctica. El uso del Misal de San Pio V fue abrogado en los hechos para algunos, según el derecho para otros; pero, en todo caso, buscando una uniformidad litúrgica que Occidente nunca había conocido. Este paso era tanto más audaz cuanto se iba contra un Misal de antigüedad bimilenaria.

Las reacciones no tardaron en aparecer. Se generó un clima de resistencia al nuevo misal, que fue imputado a la imposibilidad de adaptación de algunas personas muy aferradas al *statu quo*. Estos fieles querían seguir celebrando la Misa tradicional y peticionaban al Papa en consecuencia.

Lo que al principio parecía ser el reclamo de una minoría nostálgica, con el transcurso del tiempo demostró ser la reivindicación firme y decidida de un derecho a celebrar según el uso tradicional, históricamente justificado y con importantes simpatías entre destacados miembros del clero. El reclamo de los fieles por la Misa tradicional crecía y tenía mayor recepción por parte de la jerarquía a medida que se multiplicaban los abusos litúrgicos y una lectura falsa del Concilio Vaticano II por amplios sectores eclesiales. Sin pretender reescribir la historia, me pregunto qué hubiera pasado de implementarse la reforma litúrgica posconciliar de una manera más acorde al texto de *Sacrosanctum Concilium*, sin los abusos y fantasías litúrgicas que aún perduran, conservando el sentido de la sacralidad, el misterio y el reconocimiento claro y explícito de la Eucaristía como el cuerpo y sangre de Cristo. En cambio, no sucedió esto. Las reformas posconciliares se dieron de una forma y en un clima que alertaron a la Santa Sede sobre la desnaturalización de la misma, reemplazada por una creatividad patológica y la conversión, de hecho, de la Santa Misa en un espectáculo. Hemos llegado a ver de todo. Y se lo sigue viendo: malos sacerdotes que celebran vestidos de payaso, o en el piso, o sin revestirse, o sin Misal. Música atronadora de mal gusto. Fieles vestidos indecorosamente ante el Santísimo. Homilías que son un parloteo interminable, tan largas como insustanciales....y otras ocurrencias por el estilo. Para qué seguir...

Las reformas posconciliares abrieron una herida en el Cuerpo eclesial que aún perdura: fieles excluidos de la Misa. Es necesario cerrar esta herida, piensa Benedicto XVI. No habrá verdadera renovación con esta herida abierta, que es, además, una ruptura con la tradición de la Iglesia, la cual nunca impuso la uniformidad litúrgica, ni siquiera en Occidente.

"También es importante para la correcta concienciación en asuntos litúrgicos que concluya de una vez la proscripción de la liturgia válida hasta 1970. Quien hoy aboga por la perduración de esa liturgia o participa en ella es tratado como un apestado, aquí termina la tolerancia. A lo largo de la historia no ha habido nada igual, esto implica proscribir también todo el pasado de la Iglesia. Y de ser así ¿cómo confiar en su presente? Francamente, yo tampoco entiendo por qué muchos de mis hermanos obispos se

someten a esta exigencia de intolerancia que, sin ningún motivo razonable, se opone a la necesaria reconciliación interna de la Iglesia".[40]

El motu proprio *Summorum Pontificum* pretende reparar la exclusión de la Misa tradicional de la vida de la Iglesia y reconciliar el presente con el pasado.

"Precisamente, basada en las obras de Joseph Ratzinger ("Informe Ratzinger", "Mi vida", "El espíritu de la Liturgia", "Un canto nuevo para el Señor", "La fiesta de la fe"), se ha construido una nueva generación de teólogos, historiadores del culto, oficiales de alto rango. Ahora forman un círculo de pensadores de la "reforma de la reforma" – un nuevo movimiento litúrgico como lo llama el Papa – y apoyan el Motu Proprio.[41] *Ninguno de ellos – y especialmente el primero de ellos, el Papa, tampoco – intentan promover la "reforma de la reforma" con textos, decretos, o con un nuevo Misal que uniera los dos ritos, un Misal de Benedicto XVI que se agregase a los misales de San Pío V y de Pablo VI. No, ellos quieren proceder por el ejemplo, la exhortación, la educación, y más importante aún, evocando el tema de la Carta de San Pablo a los romanos: causando una "saludable tensión" entre la forma hoy conocida como "ordinaria" y la forma conocida como "extraordinaria."*[42]

Liturgia católica y reformas posconciliares

"La liturgia no nos pertenece a nosotros: es el tesoro de la Iglesia". Benedicto XVI.[43]

Los padres conciliares promovieron una revisión de los textos y de los ritos litúrgicos. Definieron las grandes líneas orientadoras y encomendaron su instrumentación a la Sede Apostólica. Se repitió así el procedimiento observado con ocasión del Concilio de Trento y la renovación litúrgica posterior.[44]

De manera que el Concilio Vaticano II no instrumentó cambio alguno en la liturgia de la Iglesia sino que habilitó su revisión limitándose a establecer los principios y "algunas normas prácticas" [45] que debían servirle de sustancia. Así fue como los Padres produjeron el primer documento del Concilio Vaticano II, la constitución *Sacrosanctum Concilium*.[46]

Opina Juan Pablo II:

"La Constitución Sacrosanctum Concilium, que fue el primer documento conciliar, cronológicamente hablando, anticipa la Constitución dogmática sobre la Iglesia Lumen Gentium y se enriquece, a su vez, con la enseñanza de esta Constitución."[47]

La situación descrita abrigaba un peligro: que la revisión recomendada y el legítimo espíritu de renovación que la animaba, quedara agotado en un simple cambio de formas, es decir: una reforma mal entendida, con el peligro del vaciamiento espiritual consecuente.

¿Qué se proponía el Concilio al promover esta revisión?

1.Acrecentar la vida cristiana entre los fieles.

2.Adaptar mejor a las necesidades de nuestro tiempo las instituciones que están sujetas a cambio.

3.Promover todo aquello que pueda contribuir a la unión de cuantos creen en Jesucristo (ecumenismo).

4.Fortalecer lo que sirve para invitar a todos los hombres al seno de la Iglesia (diálogo interconfesional).[48]

Una Comisión creada al efecto por el papa Pablo VI fue la encargada de profundizar en la Constitución *Sacrosanctum Concilium*, estudiarla, debatir propuestas, sugerir cambios y concretarlos en la realidad. Esta Comisión se conoció con el nombre de *Consilium*.[49] El trabajo final implicó la renovación de la liturgia católica claramente reflejada en el *Novus Ordo Missae*.

Según Juan Pablo II, los principios directivos de *Sacrosanctum Concilium*, que sirvieron de base a la reforma son los siguientes:[50]

1.Actualizar el misterio pascual en la liturgia de la Iglesia.

2.Promover y difundir la lectura de las Sagradas Escrituras.

3.Expresar en la liturgia a la Iglesia en oración. Celebrando el culto divino, la Iglesia expresa lo que es: una, santa, católica y apostólica.

¿Hasta qué punto la reforma litúrgica posconciliar refleja a la *Sacrosanctum Concilium*?

Queremos analizar ahora si los cambios introducidos *de iure* y *de facto* respondieron con fidelidad al mandato del Concilio, cuyo fin último era el de "proveer a la reforma y al fomento de la Liturgia."[51]

Me interesa destacar esta doble dimensión: cambios de derecho- *de iure*- y de hecho-*de facto*-. Es decir: cambios articulados en normas jurídico-canónicas y cambios producidos más allá de las normas.

"(…) la revolución que veía en la práctica eclesial no parecía tener mucho que ver con el prudente reformismo recomendado por los Padres (…). El documento conciliar sobre la liturgia- me refiero al verdadero, no al del mito- es una exhortación a la reforma (ecclesia semper reformanda) pero no tiene ningún acento revolucionario. De hecho, encuentra buena parte de su inspiración en la meditada, y al mismo tiempo abierta, enseñanza de aquel gran papa que fue Pio XII. El cual, obviamente después de la Escritura, es la fuente más citada (más de doscientas referencias) por aquel Vaticano II que, según la leyenda negra, habría querido contraponerse precisamente a la Iglesia que él representaba."[52]

Podemos repetir hoy lo que ya decía el Cardenal Ratzinger en 1988:

"Sin embargo, queda por ver hasta qué punto las distintas etapas de la reforma litúrgica después del Vaticano II han significado verdaderas mejoras o, más bien, trivializaciones, hasta qué punto han sido pastoralmente prudentes o, por el contrario, desconsideradas."[53]

A poco de ponerse en práctica, las reformas habían ocasionado profundo malestar en algunos sectores de la Iglesia.

"Ante ciertos modos concretos de reforma litúrgica y, sobre todo, ante las posiciones de ciertos liturgistas, el área del descontento es más amplia que la que corresponde al integrismo. En otras palabras: no todos aquellos que expresan un tal descontento deben por ello ser necesariamente integristas."[54]

El tiempo transcurrido desde entonces nos ofrece un panorama mucho más amplio y una mayor tranquilidad de los espíritus para llegar a conclusiones exentas de ideologías.[55]

"Estoy convencido de que la crisis eclesial en la que hoy nos encontramos depende en gran parte del derrumbe de la liturgia."[56]

Comenzamos recordando que a raíz de las reformas introducidas, la liturgia católica abandonó el uso del latín, más allá de lo previsto por los textos conciliares; y lo reemplazó totalmente por las lenguas vernáculas. En los hechos, el latín desapareció de la liturgia católica. Sin embargo, en *Sacrosanctum Concilium* los Padres escribieron:

"36 §1. Guárdese el uso de la lengua latina en los ritos latinos, salvo derecho particular.

54 (...) Procúrese, sin embargo, que los fieles sean capaces también de recitar o cantar juntos en latín las partes del Ordinario de la Misa que les corresponde.

101 §1. De acuerdo con la tradición secular del rito latino, en el Oficio divino se ha de conservar para los clérigos la lengua latina."

En este tema se ha ido más allá de la intención y de la letra de los Padres. *Sacrosanctum Concilium* no considera incompatibles el uso del latín y de las lenguas vernáculas. No introdujo estas últimas para abrogar el latín sino para integrar el conjunto. Pablo VI estableció que los misales nacionales fuesen siempre bilingües: lengua nacional y latín. Esto "para permitir en todo momento la celebración en latín, para tener entrenados a los sacerdotes", y finalmente porque "las lenguas nacionales cambian y las traducciones, a menudo verdaderas interpretaciones, tienden cada vez más a traicionar. Hay una carta del Papa que lo prescribió: no lo han obedecido."[57]

Por eso es un error referirse a la Misa tradicional como "Misa en latín". Ciertamente, lo es. Pero también lo es la Misa nueva, que puede rezarse tranquilamente en este idioma que, además, es su idioma original. Por eso, la diferencia entre la Misa tradicional y la Misa nueva no es idiomática.

Benedicto XVI es de la opinión de que la introducción de las lenguas nacionales ha sido algo bueno; pero el desplazamiento del latín, sencillamente, no. Antes que nada, porque no es conforme al magisterio del Concilio Vaticano II. Además, su ausencia ha contribuido a la pérdida de la dimensión universal de la Iglesia y al sentido de pertenencia católico. Sentimiento profundo que nace, entre otras cosas, de la conciencia de ser una sola lengua más allá de las diferencias idiomáticas que nos separan. Según opinión del Cardenal Ratzinger:

"La apertura de la liturgia a las lenguas populares no carecía de fundamento ni de justificación: también el Concilio de Trento la había tenido presente, al menos como posibilidad. Sería falso, por lo tanto, decir con ciertos integristas, que la creación de nuevos cánones para la Misa contradice la Tradición de la Iglesia."[58]

Según el Cardenal Alfons M. Stickler, perito del Concilio Vaticano II:

"(…) la lengua latina actúa como una cortina reverente contra la profanación (…) y por el peligro de que, a través de la lengua vulgar, todo el acto de la Misa pueda ser profanado, como de hecho ocurre hoy en día. La precisión de la lengua latina, además, hace justicia a los contenidos didácticos y doctrinales de la liturgia en forma única, protegiendo la verdad de la ofuscación y la adulteración. Finalmente, la universalidad del latín representa y sostiene la unidad de toda la Iglesia."[59]

En segundo lugar, el Concilio promovía "la participación plena, conciente y activa en las celebraciones litúrgicas" (la así llamada *actuosa participatio*) por cuanto "es la fuente primaria y necesaria de donde han de beber los fieles el espíritu verdaderamente cristiano" (cf. SC 14). Asimismo, instaba a promover la educación litúrgica, principalmente en el clero (cf. SC 15 y ss).

En la práctica, hubo una interpretación materialista de la participación sugerida, la que se agotó en manifestaciones meramente físicas con un acelerado vaciamiento espiritual. Los abusos litúrgicos acaecidos posteriormente, a cuyo frente se encuentra siempre indefectiblemente un clérigo, hablan a las claras de que el resultado de la educación litúrgica no fue el esperado.

"Pero este contexto nobilísimo (la participación activa de los fieles en la liturgia) ha sufrido una restricción fatal en las interpretaciones posconciliares. Se ha llegado a creer que sólo se da "participación activa" allí donde tenía lugar una actividad exterior, verificable: discursos, palabras, cánticos, homilías, lecturas, estrechamiento de manos… Pero se ha olvidado que el Concilio, por actuosa participatio, entiende también el silencio, que permite una participación verdaderamente profunda y personal, abriéndonos a la escucha interior de la Palabra del Señor. Ahora bien, en ciertos ritos no ha quedado ni rastro de este silencio."[60]

El culto del Señor no puede degenerar en el activismo, que transforma la liturgia en obra humana y espectáculo.

"Si la participación activa, que es el principio operativo de la reforma litúrgica, no es el ejercicio del "sentido sobrenatural de la fe", la liturgia ya no es obra de Cristo sino de los hombres."[61]

La participación activa comienza con el corazón porque "amarás al Señor tu Dios con todo el corazón, con toda la mente y con todo tu espíritu". Este es el primer mandamiento y el más importante de la ley de Dios. La *actuosa participatio* no puede agotarse en un mero "hacer", por más loable que sea. Comienza, antes bien, por "ser": ser uno con Cristo en el corazón. Porque el fin de la liturgia es éste: que seamos uno con el Señor, como El lo es con el Padre. Como El lo quiso: "Que todos sean uno."

"La participación plena no significa que todo el mundo hace todo porque esto llevaría a clericalizar al laicado y a laicizar el sacerdocio; y esto no es lo que el Concilio tenía en mente. La liturgia como la Iglesia debe ser jerárquica y polifónica, respetando los diversos papeles asignados por Cristo y permitiendo a todas las distintas voces converger en un único gran himno de alabanza."[62]

Bux considera que la participación activa que pide *Sacrosanctum Concilium* se entiende a partir de Romanos capítulo 12, en donde San Pablo nos exhorta a ofrecer nuestros cuerpos como sacrificio razonable, agradable a Dios.

"Nuestra acción máxima es la de unir nuestra vida a Cristo y, sobre todo, ofrecer nuestra vida a la oferta de Cristo en el sacrificio de la Cruz. Esto es la Misa."[63]

En la Carta a los Colosenses San Pablo dice: "cumplo lo que falta al sufrimiento de Cristo en mi carne, a favor de su Cuerpo, que es la Iglesia."

"El quiere decir que esa actividad, esa acción en la liturgia es unir nuestra vida a la de Cristo. Esa es la parte que la Constitución litúrgica del Concilio habla y remite: promover, pedir. Por tanto, que los fieles en la liturgia sean concientes de que cumplen esa parte que falta- en cierto sentido- a Cristo. Uno puede decir: ¿cómo puede ser? ¿A la redención de Cristo le falta algo? No, es completa, "todo está cumplido". Es nuestra parte la que falta, tenemos que poner de nuestra parte. Esto requiere que miremos a Cristo, que le contemplemos."[64]

La *actuosa participatio* no puede reducirse tampoco a una sutil clericalización del laicado. Tienen muy poca importancia los ministerios laicales si a tales servicios llegan personas insuficientemente formadas espiritual e intelectualmente.[65]

Tal como sucede muy a menudo. El primer servicio de laicos y clero pasa por "ser" uno con Cristo en el corazón y después salir al encuentro del prójimo. El comienzo de la liturgia es el amor a Dios y su fin es el amor a Dios. Sólo así es auténtico el amor al prójimo.

Ser   más   antes   que   hacer   más.

(...) la búsqueda de la participación plena ha gravitado más hacia la inclusión de ministerios litúrgicos para laicos que hacia las disposiciones interiores requeridas para hacer que la participación sea más fructuosa. En la Sagrada Liturgia es Cristo el que obra. Lo que es de una importancia extrema es que estemos interiormente unidos a Él en la ofrenda sacrificial que El hizo una vez en la historia, y que es representada en la celebración sacramental de la Liturgia. El artista es el Señor. A nosotros nos toca estar unidos a El."[66]

El centro de la liturgia es Dios y no el hacer del hombre.

"En la historia del posconcilio ciertamente la Constitución sobre la liturgia no ha sido entendida a partir de este primado fundamental de Dios y de la adoración, sino como un libro de recetas sobre lo que podemos hacer con la liturgia. Sin embargo, cuanto más la hacemos nosotros y para nosotros mismos, tanto menos atrayente es, ya que todos advierten claramente que lo esencial se ha perdido."[67]

En tercer lugar, el Concilio deja claramente sentado que sólo la autoridad legítima de la Iglesia ordena la liturgia y advierte que nadie, aunque sea sacerdote, introduzca cambios en los textos litúrgicos.[68] En la práctica, los abusos litúrgicos son producto, principalmente, de la desobediencia del clero. Se dio lugar a un concepto de "creatividad" que, en algunas de sus manifestaciones, está reñido con el carácter sagrado de la liturgia. Creatividad manifestada fuera de los casos permitidos por el derecho litúrgico. Un auténtico espíritu que deriva en un individualismo y subjetivismo centrados en cabeza del clérigo, cuyas manías y ocurrencias termina soportando la comunidad. Insistimos: el centro de la liturgia es Dios y el hacer de Dios. No es el hombre ni el hacer del hombre.

"Necesitamos, al menos, una nueva conciencia litúrgica para que desaparezca ese espíritu hacedor. Porque se ha llegado al extremo de que grupos litúrgicos se autofabriquen la liturgia dominical. Lo que se ofrece aquí es, sin duda, el producto de unas personas listas y trabajadoras que se han inventado algo. Pero eso no significa encontrarse con la Alteridad Absoluta, con lo sagrado, que se me regala, sino con la habilidad de unas cuantas personas. Y me doy cuenta de que no es lo que busco. Que es demasiado poco y un tanto diferente. Hoy lo más importante es volver a respetar la liturgia y su inmanipulabilidad. Que aprendamos de nuevo a reconocerla como algo que crece, algo vivo y regalado, con lo que participamos en la liturgia celestial. Que no busquemos en ella la autorrealización sino el don que nos corresponde. Esto es, en mi opinión, lo primero; tiene que desaparecer ese obrar individualista o desconsiderado y despertar la comprensión íntima hacia lo sagrado."[69]

El activismo unido a la creatividad, justificados ambos por un mal definido principio de adaptación a las "situaciones locales" y a las "necesidades de la comunidad" han arrasado el carácter sagrado de la liturgia.

"(...) afirmar que la liturgia es sagrada significa subrayar el hecho de que no vive de las invenciones esporádicas o de las

"ocurrencias" siempre nuevas de alguna persona o de algún grupo. La liturgia no es un círculo cerrado en el que decidimos encontrarnos, tal vez, para animarnos mutuamente y sentirnos protagonistas de una fiesta. La liturgia es convocación de Dios para estar en su presencia, es Dios que viene a nosotros, es Dios que se deja encontrar en nuestro mundo. Una forma de adaptación a las situaciones particulares está prevista, y está bien que sea así. Es el misal mismo el que lo indica en algunas de sus partes. Pero es en estas partes y sólo en éstas, no arbitrariamente en otras. El motivo es importante y está bien reafirmarlo: la liturgia es un don que nos precede, un tesoro precioso que nos ha sido entregado por la oración secular de la Iglesia, lugar en el que la fe de la Iglesia ha encontrado en el tiempo, forma y expresión orante. Todo esto no está sujeto a nuestra disponibilidad subjetiva."[70]

En cuarto lugar, en SC 23 leemos expresado con toda claridad:

"(...) no se introduzcan innovaciones, si no lo exige una utilidad verdadera y cierta de la Iglesia, y después de haber tenido la precaución de que las nuevas formas se desarrollen, por decirlo así, orgánicamente, a partir de las ya existentes."

El escaso tiempo que existió entre la aprobación de los cambios litúrgicos y su puesta en práctica, desmiente que se haya optado por un desarrollo orgánico. Jungman enseña que la liturgia en Occidente es fruto de un desarrollo y crecimiento histórico, mientras en Oriente, se la concibe como reflejo de la liturgia eterna.

"Lo que ha ocurrido tras el Concilio es algo completamente distinto: en lugar de una liturgia fruto de una desarrollo continuo, se ha introducido una liturgia fabricada. Se ha salido de un proceso de crecimiento y de devenir para entrar en otro de fabricación. No se ha querido continuar el devenir y la maduración orgánica de lo que ha existido durante siglos, se la ha sustituido, como si fuese una

producción industrial, por una fabricación que es un producto banal del momento."[71]

En quinto lugar, SC 112 dice:

"La tradición musical de la Iglesia universal constituye un tesoro de valor inestimable, que sobresale entre las demás expresiones artísticas, principalmente porque el canto sagrado, unido a las palabras, constituye una parte necesaria o integral de la liturgia solemne."

Y en el número 116 leemos con toda claridad:

"La Iglesia reconoce el canto gregoriano como el propio de la liturgia romana; en igualdad de circunstancias, por tanto, hay que darle el primer lugar en las acciones litúrgicas."

A propósito de esto, reflexiona el cardenal Ratzinger:

"Lo que en realidad han hecho muchos liturgistas es dejar a un lado este tesoro, declarándolo "accesible a pocos", y abandonarlo en nombre de la "comprensibilidad para todos y en todo momento de la liturgia posconciliar". Consecuencia: no más "música sacra"- que se deja, en el mejor de los casos, para ocasiones especiales, en las catedrales. Sino sólo "música al uso", cancioncillas, melodías fáciles, cosas corrientes."[72]

Don Nicola Bux destaca que el reconocimiento del canto gregoriano como canto propio de la liturgia y el asignarle a éste el puesto principal "significa que el gregoriano es una sola cosa con el rito latino. Eliminar el canto propio es como rasgar la piel de una persona. Eso es lo que se ha hecho."[73]

Junto al canto gregoriano y polifónico, encontramos múltiples manifestaciones del canto popular. Siempre que broten de la oración y conduzcan a ella, permitiendo una participación auténtica en el misterio celebrado, contribuyen a la plenitud de la liturgia católica.

"Hay también muchos casos en el uso común que no tienen relación con la tradición del canto gregoriano: es importante asegurarse que sean edificantes para la fe, que alimenten espiritualmente a quien participa en la liturgia y que dispongan realmente el corazón de los fieles para escuchar la voz de Dios. Los contenidos, además, deben ser controlados por los obispos para evitar, por ejemplo, tendencias new age. A este respecto es igualmente necesario ejercitar un gran sentido de discreción en el uso de instrumentos musicales: que todo sea sólo para la edificación de la fe."[74]

En sexto lugar, como diría Bux, "el trastorno del culto arrastra consigo al arte sacro". Cuya decadencia se entiende a partir de la crisis litúrgica.

"Existe ciertamente una relación vital entre la liturgia, el arte y la arquitectura sagrados. (…) El arte y la arquitectura sagrados deben resultar idóneos para la liturgia y sus grandes contenidos, que encuentran expresión en la celebración. El arte sagrado en sus múltiples manifestaciones, vive en relación con la infinita belleza de Dios y debe orientar a Dios su alabanza y su gloria. Entre liturgia, arte y arquitectura no puede haber contradicciones o dialéctica. Por lo tanto, si es necesario que exista una continuidad teológico-histórica en la liturgia, esta misma continuidad debe encontrar una expresión visible y coherente también en el arte y en la arquitectura sagrados."[75]

En séptimo lugar, la grave distorsión del sentido total y completo de la Santa Misa.

"Dos aspectos me parecen centrales en el libro de Ratzinger, "Teología de la liturgia": la prevalencia lamentablemente verificada de un sentido de la Misa como asamblea, "evento de un determinado grupo o iglesia local", cena; por lo tanto, la participación entendida como el actuar de varias personas que, según el autor, se transforma a veces en parodia. Y luego, la celebración hacia el pueblo que, por una serie de malentendidos y malas interpretaciones "se presenta hoy como el fruto de la renovación litúrgica querida por el Concilio", escribe el Papa. Consecuencias: la comunidad como círculo cerrado en sí mismo y una clericalización nunca antes vista donde todo converge en el celebrante."[76]

El fiel moderno- clérigo o laico- no sabe que la Santa Misa es el sacrificio incruento de Cristo por nosotros. El primero fue el sacrificio cruento. La misa reproduce aquél pero en forma incruenta. Ese fiel se quedó estancado en la Misa como encuentro fraterno, con el peligro de sociologizar un hecho trascendente. Leemos en el Catecismo Mayor de San Pio X:

*"**656.- ¿Es el sacrificio de la Misa el mismo de la Cruz?** - El sacrificio de la Misa es sustancialmente el mismo de la Cruz, en cuanto el mismo Jesucristo que se ofreció en la Cruz es el que se ofrece por manos de los sacerdotes, sus ministros, sobre nuestros altares; mas, cuanto al modo con que se ofrece, el sacrificio de la Misa difiere del sacrificio de la Cruz, si bien guarda con éste la más íntima relación.*

*657.- **¿Qué diferencia y relación hay, por consiguiente, entre el sacrificio de la Misa y el de la Cruz?** - Entre el sacrificio de al Misa y el de la Cruz hay esta diferencia y relación: que en la Cruz, Jesucristo se ofreció derramando su sangre y mereciendo por nosotros, mientras en nuestros altares se sacrifica Él mismo sin derramamiento de sangre y nos aplica los frutos de su pasión y muerte.*

658.- ¿Qué otra relación guarda el sacrificio de la Misa con el de la Cruz? - *La otra relación que guarda el sacrificio de la Misa con el de la Cruz es que el sacrificio de la Misa representa de un modo sensible el derramamiento de la sangre de Jesucristo en la Cruz; porque, en virtud de las palabras de la consagración, se hace presente bajo las especies del pan sólo el Cuerpo, y bajo las especies del vino sólo la Sangre de nuestro Redentor; si bien, por natural concomitancia y por la unión hipostática, está presente bajo cada una de las especies Jesucristo vivo y verdadero.*

659.- ¿Es el sacrificio de la Cruz el único sacrificio de la nueva ley? - *El sacrificio de la Cruz es el único sacrificio de la nueva ley, en cuanto por él aplacó el Señor la divina justicia, adquirió todos los merecimientos necesarios para salvarnos, y así consumó de su parte nuestra redención. Más estos merecimientos nos los aplica por los medios instituidos por Él en la Iglesia, entre los cuales está el santo sacrificio de la Misa."*

En opinión de Nicola Bux, en el nuevo rito de la Misa se expresan en forma menos tangible que en el rito tradicional:

1.La doctrina del sacrificio propiciatorio.

2.La adoración de la presencia real de Cristo.

3.La especificidad del sacerdocio jerárquico.

4.El carácter sagrado de la celebración.

Es oportuno tratar aquí el tema de la orientación de la plegaria litúrgica.

La Tradición nos enseña que la oración estuvo dirigida al oriente desde un comienzo. Al oriente sale el sol y el sol es símbolo de

Cristo: "nos visitará el Sol que nace de lo alto", canta Zacarías en el *Benedictus*. Se trata de un concepto espiritual antes que geográfico. Miro al oriente en mi oración porque allí está Cristo. Algo similar sucede en las tradiciones de otras religiones monoteístas: los musulmanes oran mirando a La Meca y los judíos a Jerusalén.

"Estudios muy serios, e incluso recientísimos, ya han demostrado que en todo tiempo de su historia, la comunidad cristiana ha encontrado el modo de expresar también en el signo litúrgico externo y visible, esta orientación fundamental para la vida de la fe. Así encontramos las iglesias construidas de tal modo que el ábside estuviese dirigido hacia oriente. Cuando ya no fue posible tal orientación en la edificación del lugar sagrado, se recurrió al gran crucifijo puesto sobre el altar y al que todos pudiesen dirigir la mirada. Podemos pensar en los ábsides decorados con espléndidas representaciones del Señor, hacia las cuales todos eran invitados a levantar los ojos en el momento de la liturgia eucarística. (...) en este contexto nos interesa afirmar que la oración "orientada" o sea, dirigida al Señor, es expresión típica del auténtico espíritu litúrgico."[77]

En la misa tradicional, celebrante y pueblo miran todos hacia el Señor. Miran todos *"versus orientem"* o también puede decirse *"versus Deum"*. Luego de las reformas posconciliares, el celebrante da la cara al pueblo: celebra *"versus populum"*. El sacerdote ya no mira más al Señor: todos lo miran a él. En ningún lugar, la Constitución *Sacrosanctum Concilium* introduce esta reforma ni la recomienda. Creer que la celebración de la Santa Misa "de cara al pueblo", como se dice habitualmente, es una de las líneas fundamentales del Concilio Vaticano II es un error muy difundido entre el clero y el laicado.

"Erik Peterson ha demostrado la estrecha conexión entre la oración hacia oriente y la cruz, conexión evidente como muy tarde en el periodo constantiniano. [...] Entre los cristianos se difundió la

costumbre de indicar la dirección de la oración con una cruz sobre la pared oriental en el ábside de las basílicas, pero también en las habitaciones privadas, por ejemplo, de monjes y eremitas"[78]

"La idea de que sacerdote y pueblo en la oración deberían mirarse recíprocamente nació sólo en la cristiandad moderna y es completamente extraña en la antigua. Sacerdote y pueblo ciertamente no rezan el uno hacia el otro sino hacia el único Señor. Por tanto, durante la oración miran en la misma dirección: o hacia oriente como símbolo cósmico del Señor que viene, o donde esto no fuese posible, hacia una imagen de Cristo en el ábside, hacia una cruz o simplemente hacia el cielo, como hizo el Señor en la oración sacerdotal la noche antes de su Pasión (Juan 17,1)"[79]

De tal modo que es antojadizo decir que la Santa Misa se celebraba "de espaldas al pueblo", frase transformada en cliché, con una fuerte carga sociológica y política y sin ninguna tradición teológica.

De ninguna manera: la Santa Misa se celebraba de cara al Señor. El sacerdote no le daba la espalda al pueblo sino que junto con el pueblo miraba a Cristo.

Celebrar *"versus populum"* ha generado la falsa idea de que la liturgia se dirige hacia la comunidad o de que ésta es el centro o hacedora de la liturgia. Esto no es así. En todos los casos, el centro es Dios y el único hacedor es Dios. El sacerdote es un simple mediador, importantísimo, pero mediador al fin. No es el protagonista o coprotagonista con el pueblo. El único protagonista es Dios.

Podemos enumerar diez ventajas de celebrar la Santa Misa *"versus orientem"*, a saber:[80]

1.*"El Santo Sacrificio de la Misa se vive como teniendo una dirección y enfoque teocéntrico.*

2.*Los fieles son salvados del tedioso clerocentrismo que ha alcanzado a la celebración de la Santa Misa en los últimos cuarenta años.*

3.*Volvió a ser evidente que el Canon de la Misa (Prex Eucharistica) está dirigido al Padre, por el sacerdote, en el nombre de todos.*

4.*El carácter sacrificial de la Misa es expresado y afirmado maravillosamente.*

5.*Casi imperceptiblemente se descubre el acierto de rezar silenciosamente en determinados momentos, de recitar determinadas partes de la Misa suavemente y de cantar otras.*

6.*Permite al sacerdote celebrante tener el beneficio de una santa modestia.*

7.*El sacerdote se encuentra cada vez más identificado con Cristo, el Sumo y Eterno Sacerdote y Hostia perpetua, en la liturgia del santuario celestial, más allá del velo, frente al rostro del Padre.*

8.*Durante el Canon de la Misa, el sacerdote es bendecido con un profundo recogimiento.*

9.*Las personas se han vuelto más reverentes en su comportamiento.*

10.*Toda la celebración de la Santa Misa ha ganado en reverencia, atención y devoción."*

Nicola Bux en el capítulo VII de su obra "La reforma de Benedicto XVI" enumera las principales "deformaciones" litúrgicas producto de las reformas posconciliares:

1.La transformación de la liturgia de oración o diálogo con Dios a exhibición de actores y desbordamiento de palabras. Esto es favorecido por el hecho de que el sacerdote, estando delante del pueblo, es llevado fácilmente a mirar a su alrededor en vez de elevar la vista hacia lo alto o hacia la cruz, como el diálogo orante con Dios exigiría.

2.La condena del concepto de sacrificio sustituido por el de cena, que ha asimilado la Eucaristía católica a la celebración de la cena protestante. Me parece importante citar aquí esta reflexión:

"Creo que este sentido de lo sagrado se podrá recuperar cuando comprendamos que la Misa no es nunca un espectáculo, un entretenimiento o una propiedad de cada sacerdote sino un verdadero y propio drama. A menudo nos llenamos la boca con la palabra "fiesta", pero… ¿qué fiesta? En la Misa recordamos el sacrificio de Cristo, ésta es la verdad. Cristo se ha inmolado por nosotros y luego se usa la palabra fiesta. Es correcto hablar de fiesta sólo después de haber comprendido y aceptado el concepto de que Cristo ha dado la vida por nosotros. Sólo entonces es lícito hablar de fiesta, pero nunca antes."[81]

3.La desorientación creada por la recitación de la anáfora (oración sacrificial) "de cara al pueblo", que ha contribuido a confirmar que la Misa es una cena fraterna. Agregaría yo las palabras de Benedicto XVI en el sentido de que esta forma de celebración "difícilmente podrá demostrar que la liturgia está abierta a realidades superiores y a la perspectiva del mundo futuro."[82] Bux recomienda una posición *"versus orientem"* en la segunda parte de la Misa. Piensa que de esta manera la Misa adquirirá un valor mucho más escatológico, de misterio y adoración.

"El Augusto Sacrificio del Altar no es pues, pura y simple conmemoración de la Pasión y Muerte de Jesucristo, sino que es un Sacrificio propio y verdadero, en el cual, inmolándose incruentamente el Sumo Sacerdote, hace lo que hizo una vez en la Cruz, ofreciéndose todo El al Padre, Víctima gratísima. Una y la misma es la Víctima; lo mismo que ahora se ofrece por ministerio de los sacerdotes, se ofreció entonces en la Cruz, sólo es distinto el modo de hacer el ofrecimiento."[83]

4.La sustitución total del latín por la lengua vernácula.

5.La revolución "artística", que ha llevado a cambiar la forma del altar transformándolo en una mesa y a quitar el tabernáculo del centro de las iglesias sustituyéndolo por la sede del sacerdote, cada vez más visible. Además, la abolición de la valla sagrada del santuario y el cambio de lugar del baptisterio al presbiterio.

Ya en los años 60, teólogos de fama internacional criticaron la rápida acogida de la celebración "de cara al pueblo". Entre ellos, Josef Andreas Jungmann, uno de los artífices de la Constitución del Concilio Vaticano II sobre la liturgia; el oratoriano Luis Bouyer, uno de los grandes teólogos del Concilio y Joseph Ratzinger, entonces profesor de teología en Tubinga y perito del Concilio. Estos estudiosos pese a su prestigio, no lograron que se oyeran sus voces. Reinaba la fuerte tendencia a subrayar el aspecto comunitario de la celebración litúrgica y, por tanto, a considerar como absolutamente necesaria la posición cara a cara de sacerdote y pueblo.

Uwe Michael Lang, como tantos otros, piensa que el altar hacia el pueblo no es una opción conciliar. Los decretos del Concilio no mencionan nada de esto. La *Sacrosanctum Concilium* no habla de celebración *"versus populum"*. El art. 128 del capítulo 7 de esta Constitución ha sido usado para forzar esta interpretación. La instrucción *Inter Oecumenici* preparada por el *Consilium* para la aplicación de la *Sacrosanctum Concilium* y publicada el 26 de setiembre de 1964, permite celebrar *versus populum* pero no lo impone. Ni siquiera sugiere que sea la forma preferible de celebración eucarística. Las rúbricas del Misal de Pablo VI presuponen una orientación común del sacerdote y del pueblo *versus orientem* para el momento culminante de la liturgia eucarística.

La posición del celebrante de cara al pueblo no es obligatoria en el derecho litúrgico vigente. Se permiten tanto esta forma como la celebración *versus orientem*

De manera que la Santa Misa conforme al *novus ordo* se puede celebrar *versus orientem* y en latín, sin ningún tipo de problemas. Es más: tal como acabamos de exponer, muchos piensan que es lo recomendable.

Mención aparte merece el tema de la recepción de la comunión en la mano y no en la boca.

La recepción en la mano del Cuerpo de Cristo no resulta de un mandato del Concilio: no figura en la *Sacrosanctum Concilium* ni tampoco en los trabajos del *Consilium*. Se trata de un indulto a la ley universal de recepción de la santa comunión en la boca, concedido por la Santa Sede a algunas Conferencias Episcopales que lo solicitaron. Mas el principio sigue siendo el de la comunión en la boca. El indulto permite recibirla en la mano pero no obliga a esto. Es una medida de naturaleza temporal que, sin embargo, se está convirtiendo en permanente. No existe texto de la tradición que sustente la comunión en la mano. Las iglesias orientales no lo permiten.

Conclusión

La reforma litúrgica posconciliar no responde estrictamente a la *Sacrosanctum Concilium*. Si bien desde el punto de vista jurídico parece acomodarse a las directivas emanadas de los Padres, sus aplicaciones posteriores la han desviado hacia resultados reñidos con aquélla. Como consecuencia de esto, el pueblo terminó imputando al Concilio Vaticano II lo que el Concilio ni enseñó ni ordenó. La lectura de sus documentos, en especial *Sacrosanctum Concilium*, deja en claro que:

1. El latín no fue abrogado como lengua del culto católico.

2. Los cambios a las celebraciones (principalmente a la Santa Misa) y a los libros litúrgicos, se propiciaron como desarrollo orgánico de los existentes y no con espíritu revolucionario.

3. No se alentó la ruptura con la tradición litúrgica eclesial.

4. No se abrogó la orientación *versus orientem* de las celebraciones litúrgicas.

5. No se determinó que habría de comulgarse en la mano.

6. No se ordenó terminar con el canto gregoriano en las Misas.

7. No se promovió un arte reñido con la belleza.

8. La participación activa de los fieles no se concibió ni como intromisión de los fieles laicos en las celebraciones ni como invasión del altar ni como activismo desbordante.

9. No se cambió el sentido de la Misa como sacrificio.

Una cosa es la constitución *Sacrosanctum Concilium*. Otra cosa son las reformas que el *Consilium* produjo interpretándola. Y otra cosa, son las aplicaciones prácticas de esas reformas y el clima general rupturista vivido posteriormente en todo el Cuerpo.

Del trabajo del *Consilium* podemos criticar:

1.Que las reformas producidas son más producto de las ideas de un cenáculo de especialistas que el resultado de un desarrollo orgánico de las formas ya existentes. No debemos olvidar que de esta Comisión participaron seis "expertos" protestantes. Qué cosa hacían en ella no parece muy claro y, a juzgar por los resultados, tampoco feliz. Y que su alma mater fue el cuestionado padre Annibale Bugnini, fundamente sospechado de masón. Todo esto abrió el camino para una lectura rupturista de la *Sacrosanctum Concilium*, y abonó inconductas litúrgicas posteriores.

2.Que se forzó la aplicación de los cambios en el tiempo. Fueron apresuradamente aplicados, generando un clima de justificada resistencia.

Considerando ahora la práctica concreta de tales reformas y el mal espíritu desatado en consecuencia, podemos encontrar aquí verdaderas aberraciones, que exceden a las reformas articuladas por el *Consilium* y a las pautas elaboradas por *Sacrosanctum Concilium*. El creativismo litúrgico salvaje es uno de los ejemplos más elocuentes de lo dicho.

Antecedentes de Summorum Pontificum

Producida la reforma de la liturgia a partir del trabajo del *Consilium* y, posteriormente, por la aprobación de la "Misa nueva" o de Pablo VI, comenzó el movimiento de fieles dispuestos a obtener de la Santa Sede el permiso para continuar celebrando la Santa Misa, principalmente, según el rito romano tradicional. El que común e impropiamente se denomina "tridentino" o "en latín".

En sus albores se juzgó tal movimiento como minoritario, reducido a un grupo de nostálgicos con poca capacidad de adaptación a los cambios. El paso del tiempo lo agotaría. La juventud no se plegaría a tales posturas y la realidad biológica del hombre haría el resto. En una palabra: no tendría descendencia.

Sin embargo, el transcurso del tiempo reveló, entre otras cosas, tanto la espontaneidad y perseverancia de los fieles como el incremento de su número, sin dudas alentado por la multiplicación de los abusos litúrgicos. Además, los jóvenes no eran ajenos a ese espíritu. El movimiento se garantizó descendencia.

El Papa no fue ni sordo ni ciego a las aspiraciones de esos fieles que, obedientemente, reivindicaban el acceso a la liturgia tradicional como un derecho. Por eso, desde un principio, procuró acogerlos.

De esta manera, se inició el camino que concluye en *Summorum Pontificum*, la expresión magisterial más amplia, clara y generosa de estos últimos cincuenta años para con la liturgia tradicional.

A-***Quattuor abhinc annos***. Del 3 de octubre de 1984. Se trata de una Carta dirigida por la Congregación para el Culto Divino a todas las Conferencias Episcopales. Este breve documento contiene una gracia o indulto del Papa a favor de los fieles que se sienten vinculados a la Misa tradicional.

Es sumamente restrictivo y, en la práctica, carecería de consecuencias: fue ignorado sin problemas por aquellos que debían aplicarlo.

Reconoce que "el problema subsiste", entendiendo por tal la existencia de un movimiento de fieles laicos y sacerdotes que oponían resistencia a la reforma litúrgica.

Para superar ese "problema que subsiste", el Papa autoriza la celebración de la Santa Misa según el rito romano tradicional, siempre y cuando se observen las siguientes exigencias:

1.Que sea un grupo de fieles quien solicite al Obispo diocesano la celebración de la Santa Misa según el rito tradicional.

2.Que se utilice para tal ocasión el Misal romano según la edición típica de 1962, es decir, el Misal romano tradicional con los cambios introducidos por Juan XXIII.

3.Que conste públicamente, sin ambigüedad alguna, que los fieles solicitantes aceptan la legitimidad y exactitud doctrinal de la llamada "Misa nueva" o de Pablo VI, conforme al Misal romano promulgado en 1970. Es decir: que los fieles no formen parte de ningún grupo contestatario a la autoridad eclesiástica.

4.Que la celebración sea únicamente para los grupos que la pidan, en las iglesias y oratorios indicados por el obispo diocesano (en principio, se excluyen las parroquias) y en los días y condiciones fijadas por él.

5.Que la concesión no ocasione perjuicio alguno a la observancia fiel de la reforma litúrgica en la vida de cada una de las comunidades.

B- **Comisión Cardenalicia de 1986**. Juan Pablo II formó en el año 1986 una Comisión Cardenalicia de carácter reservado, a los fines de evaluar la aplicación de la Carta *Quattuor abhinc annos*. Los escasos resultados del indulto de 1984 aceleraron esta decisión. Por ello, la Comisión debía elevar propuestas para resolver "el problema que subsiste" y perfeccionar el indulto mismo. O sea: su tarea era sólo de asesoramiento y orientativa, no legislativa.

Esta Comisión *ad hoc* estuvo integrada por los siguientes cardenales: William Baum, Agostino Casaroli, Edouard Gagnon, Bernardin Gantin, Antonio Innocenti, Paul Mayer, Joseph Ratzinger y Alfons Stickler.

Pese al carácter reservado de sus conclusiones, sabemos que la Comisión sostuvo un criterio más amplio que *Quattuor abhinc annos* a favor del rito romano tradicional, promoviendo su celebración sin excluir al *Novus ordo* y sosteniendo la tesis de que tal rito no había sido abrogado por las reformas litúrgicas posconciliares.

C-***Ecclesia Dei Afflicta***. Del 2 de julio de 1988. Este documento fue precipitado por la ordenación de cuatro obispos realizada por monseñor Marcel Lefebvre, quien reivindicaba- entre otras cosas- el rito romano tradicional.

Concretamente en lo que hace a nuestro tema, merece destacarse el punto 6 c), que dice textualmente:

"(…) además, se habrá de respetar en todas partes, la sensibilidad de todos aquellos que se sienten unidos a la tradición litúrgica latina, por medio de una amplia y generosa aplicación de las normas

emanadas hace algún tiempo por la Sede Apostólica, para el uso del Misal Romano según la edición típica de 1962."

Remite en consecuencia a *Quattuor abhinc annos*, invitando nuevamente a los obispos a que sean generosos en su aplicación. Pero no innova en nada más respecto a aquel documento. Debe reconocerse, no obstante, que su tono es sumamente paternal y amable para con los devotos del rito tradicional.

También, creó la Comisión luego conocida como *Ecclessia Dei"* que, en la práctica, permitió canalizar las aspiraciones de todos los fieles vinculados a la liturgia tradicional y mantener dichos anhelos en comunión con toda la Iglesia. Pese a que del texto, parece desprenderse que su única función será atender los problemas derivados del movimiento lefebvriano. Concretamente excedió, para bien, tales objetivos.

No mentimos al afirmar que la acogida de este documento magisterial fue, más bien, fría.

Conclusión

Los documentos analizados demuestran la sensibilidad de la Santa Sede hacia los anhelos de miles de fieles vinculados al rito latino tradicional.

Los deseos del Papa no recibieron una acogida generosa por parte de los obispos, encargados de aplicarlos.

Finalmente, la Santa Sede procuró canalizar el fenómeno creciente de los fieles tradicionales con una gran dosis de voluntarismo y sin resolver problemas concretos. Por ejemplo: el rito romano tradicional, ¿había sido abrogado por el *Novus ordo* o no?

Al llegar Benedicto XVI en 2005 a la cátedra de Pedro, "el problema subsiste", como en 1984 reconoció *Quattuor abhinc annos*. Era necesario afrontarlo nuevamente y, de ser posible, darle una solución definitiva. El movimiento de fieles identificados con la Misa tradicional había crecido marcadamente dentro y fuera de la Iglesia, convocando gran cantidad de jóvenes.

En este contexto aparece el motu proprio *Summorum Pontificum*.

La carta de Benedicto

"En la historia de la liturgia hay crecimiento y progreso pero ninguna ruptura. Lo que para las generaciones anteriores era sagrado, también para nosotros permanece sagrado y grande y no puede ser de improviso totalmente prohibido o incluso perjudicial." Benedicto XVI.[84]

El Papa envió a los Obispos una Carta personal acompañando el motu proprio *Summorum Pontificum*. En ella explica sucinta pero claramente los motivos que determinaron el documento así como los fines que persigue. Es un texto muy accesible para los fieles, escrito tanto con espíritu paternal y sencillez como profundidad conceptual.

El motu proprio *Summorum Pontificum* no es un documento improvisado. Al contrario, "es fruto de largas reflexiones, múltiples consultas y de oración". El Papa explica que busca "poner al día mediante este motu proprio el de 1988", o sea, al motu proprio *Ecclesia Dei Afflicta* de Juan Pablo II.

Ecclesia Dei fue un esfuerzo importante para sellar la unidad de la Iglesia con los fieles seguidores de Monseñor Lefebvre, estableciendo un marco normativo que permitiera continuar celebrando según el *usus antiquior*. De hecho, algunos de ellos abandonaron la Fraternidad Sacerdotal San Pio X para constituir la Fraternidad de San Pedro y ser reconocidos por la Santa Sede. Sin embargo, no fue suficiente. La herida aún continuó abierta.

Uno de los objetivos de *Summorum Pontificum* es el de contribuir a la "reconciliación interna en el seno de la Iglesia". Explica Benedicto XVI:

"Mirando al pasado, a las divisiones que a lo largo de los siglos han desgarrado el Cuerpo de Cristo, se tiene continuamente la impresión de que en momentos críticos en los que la división

estaba naciendo, no se ha hecho lo suficiente por parte de los responsables de la Iglesia para conservar o conquistar la reconciliación y la unidad; se tiene la impresión de que las omisiones de la Iglesia han tenido su parte de culpa en el hecho de que estas divisiones hayan podido consolidarse. Esta mirada al pasado nos impone hoy una obligación: hacer todos los esfuerzos para que a todos aquellos que tienen verdaderamente el deseo de la unidad se les haga posible permanecer en esta unidad o reencontrarla de nuevo."

Contribuir a la unidad no solo con los seguidores de monseñor Lefebvre sino también con todos aquellos devotos de las formas tradicionales injustamente perseguidos y discriminados, obligados a vivir su devoción con vergüenza. No puede haber hijos de primera e hijos de segunda, parece decir Benedicto. Si esto permanece así, sembramos división y enfrentamiento.

El Papa disipa dos temores que se han manifestado en torno a *Summorum Pontificum.* El primer temor dice: *Summorum Pontificum* menoscaba la autoridad del Concilio Vaticano II y pone en duda la renovación litúrgica implementada a través de *Sacrosanctum Concilium* y las reformas posconciliares. Benedicto XVI responde: "Este temor es infundado". A continuación explica que permanecerá plenamente vigente la reforma litúrgica y los libros emanados de ella. El Misal publicado por Pablo VI y reeditado después en dos ediciones sucesivas por Juan Pablo II es y permanece como la Forma ordinaria de la Liturgia Eucarística. El misal anterior al Concilio, publicado con la autoridad de Juan XXIII en 1962 y utilizado durante el Concilio, podrá ser utilizado como Forma extraordinaria de la Celebración litúrgica.

"No es apropiado hablar de estas dos redacciones del Misal Romano como si fueran "dos ritos". Se trata, más bien, de un doble uso del mismo y único rito. Por lo que se refiere al uso del Misal de 1962, como Forma extraordinaria de la Liturgia de la Misa, quisiera

llamar la atención sobre el hecho de que este Misal no ha sido nunca jurídicamente abrogado y, por consiguiente, en principio, ha quedado siempre permitido."

Finalmente, cabe agregar que, por extensión, algunos manifestaron que *Summorum Pontificum* ponía en entredicho la autoridad de los Obispos, avanzando indebidamente sobre la misma:

"(…) estas nuevas normas no disminuyen de ningún modo vuestra autoridad y responsabilidad ni sobre la liturgia, ni sobre la pastoral de vuestros fieles. Cada Obispo, en efecto es el moderador de la liturgia en la propia diócesis (cfr. Sacrosanctum Concilium nº 22)"

"(…) no se quita nada a la autoridad del Obispo cuyo papel será siempre el de vigilar para que todo se desarrolle con paz y serenidad. Si surgiera algún problema que el párroco no pueda resolver, el Ordinario local podrá siempre intervenir, pero en total armonía con lo establecido por las nuevas normas del motu proprio."

Al contrario, *Summorum Pontificum* con su marco normativo, busca hacer más fácil la tarea de los pastores:

"(…) estas normas pretenden también liberar a los Obispos de tener que valorar siempre de nuevo cómo responder a las diversas situaciones."

El segundo temor dice: "una más amplia posibilidad de uso del Misal de 1962 podría llevar a desórdenes e incluso a divisiones en las comunidades parroquiales." El Papa responde: "Tampoco este temor me parece realmente fundado." Y seguidamente argumenta:

"El uso del Misal antiguo presupone un cierto nivel de formación litúrgica y un acceso a la lengua latina; tanto uno como otro no se

encuentran tan a menudo. Ya con estos presupuestos concretos se ve claramente que el nuevo Misal permanecerá, ciertamente, la Forma ordinaria del Rito Romano, no sólo por la normativa jurídica sino por la situación real en que se encuentran las comunidades de fieles. (…) Es verdad que no faltan exageraciones y algunas veces aspectos sociales indebidamente vinculados a la actitud de los fieles que siguen la antigua tradición litúrgica latina. Vuestra caridad y prudencia pastoral serán estímulo y guía para un perfeccionamiento".

Estudio jurídico canónico de Summorum Pontificum

Para comprender el texto normativo de Summorum *Pontificum* es necesario analizarlo y estudiarlo remitiéndose siempre a la Instrucción *Universae Ecclesiae* de la Comisión Pontificia *Ecclesia Dei*. Este documento tiene como objetivo, precisamente, tratar sobre la aplicación del motu proprio respondiendo a las dudas que, luego de tres años de vigencia de *Summorum Pontificum*, se plantearon a la Comisión desde diversas partes del mundo.

Comentaremos cada uno de los artículos de *Summorum Pontificum* y los relacionaremos con la Instrucción *Universae Ecclesiae* para una mejor comprensión.

Art. 1.-El Misal Romano promulgado por Pablo VI es la expresión ordinaria de la "*Lex orandi*" ("Ley de la oración"), de la Iglesia católica de rito latino. No obstante el Misal Romano promulgado por San Pío V y nuevamente por el beato Juan XXIII debe considerarse como expresión extraordinaria de la misma "*Lex orandi*" y gozar del respeto debido por su uso venerable y antiguo. Estas dos expresiones de la "*Lex orandi*" de la Iglesia no llevarán de forma alguna a una división de la "*Lex credendi*" ("Ley de la fe") de la Iglesia; son, de hecho, dos usos del único rito romano. Por eso es lícito celebrar el Sacrificio de la Misa según la edición típica del Misal Romano promulgado por el beato Juan XXIII en 1962, que no se ha abrogado nunca, como forma extraordinaria de la Liturgia de la Iglesia. Las condiciones para el uso de este misal establecidas en los documentos anteriores "*Quattuor abhinc annos*" y "*Ecclesia Dei*", se sustituirán como se establece a continuación.

Con este motu proprio Benedicto XVI "ha promulgado una ley universal para la Iglesia, con la intención de dar una nueva reglamentación para el uso de la Liturgia Romana vigente en 1962."[85]

"(…) se trataba de colmar una laguna, dando una nueva normativa para el uso de la Liturgia Romana vigente en 1962. Tal normativa se hacía especialmente necesaria por el hecho de que, en el momento de la introducción del nuevo Misal, no pareció necesario emanar disposiciones que reglamentaran el uso de la Liturgia vigente desde 1962. Debido al aumento de los que piden poder usar la forma extraordinaria, se ha hecho necesario dar algunas normas al respecto." [86]

Y esto por cuanto "no pocos fieles adhirieron y siguen adhiriendo con mucho amor y afecto a las anteriores formas litúrgicas, que habían embebido tan profundamente su cultura y su espíritu" [87]

Al hacerlo, el Papa sirve a toda la Iglesia pues corresponde a su oficio de pastor universal velar por la unidad litúrgica de todo el orbe católico.

"De tal manera la decisión con la que Benedicto XVI autorizó la celebración de la antigua misa en latín debe ser comprendida como un acto de legislación universal que interesa a toda la Iglesia en todo el mundo y no como un favor hecho a un individuo o a un grupo porque se trata de una ley cuya finalidad es la salvaguardia y promoción de la vida de todo el cuerpo místico de Cristo y la máxima expresión de esta vida, es decir la liturgia Sacra". [88]

Es decir, que no estamos ante un indulto como fue *Ecclesia Dei*. Estamos ante una ley universal.

El Papa no concede una gracia o privilegio. El Papa está reconociendo derechos.

No crea derechos. Son preexistentes. Por eso los reconoce.

Ha dicho con mucha claridad que el *usus antiquior* nunca fue abrogado. En consecuencia, si nunca fue abrogado, queda claro que los fieles devotos del rito tradicional han estado viviendo cuarenta años en un limbo, dependiendo de la buena voluntad de tal o cual pastor. El Papa admite que esa situación no puede continuar y entonces, legisla en consecuencia. Para terminar con lagunas, oscuridades y malos entendidos.

Esta lectura del acto papal se me presenta tan clara, que me resulta sencillamente imposible aceptar las tesis reduccionistas de quienes entienden el gesto de Benedicto como una simple maniobra de política eclesial.

Dirá el Papa en las palabras introductorias a *Summorum Pontificum*:

"Desde tiempo inmemorial, como también para el futuro, es necesario mantener el principio según el cual, "cada Iglesia particular debe concordar con la Iglesia universal, no solo en cuanto a la doctrina de la fe y a los signos sacramentales, sino también respecto a los usos universalmente aceptados de la ininterrumpida tradición apostólica, que deben observarse no solo para evitar errores, sino también para transmitir la integridad de la fe, para que la ley de la oración de la Iglesia corresponda a su ley de fe"

Y si alguna duda tuviera el lector ante las palabras del Papa, en la Instrucción *Universae Ecclessiae* nº 3 se aclara que *Summorum Pontificum* "reafirma el principio tradicional, reconocido desde tiempo inmemorial, y que se ha de conservar en el porvenir". Es decir: se trata de un principio inmutable: lo recibimos, lo conservamos y lo trasmitimos a las generaciones futuras. Benedicto nos dice: ni siquiera yo como Papa puedo cambiarlo. Transmito lo que recibo. En su proceder, se siente unido a todos sus antecesores. De ahí que en las palabras introductorias al motu proprio haga detallada mención de San Gregorio Magno, Clemente VIII, Urbano VIII, san Pío X, Benedicto XV, Pío XII, Juan XXIII, Pablo VI y Juan Pablo II.

Summorum Pontificum tiene como objetivos: [89]

1.Ofrecer a todos los fieles la Liturgia Romana en el *usus antiquior*, considerada como un tesoro que hay que conservar;

2.Garantizar y asegurar realmente el uso de la forma extraordinaria a quienes lo pidan;

3.Favorecer la reconciliación en el seno de la Iglesia.

El Papa zanja definitivamente una discusión de por lo menos cuarenta años. A saber: si el Misal romano anterior a la reforma posconciliar permanecía vigente o había sido abrogado. Y la afirmación pontificia no deja lugar a dudas: nunca fue abrogado. Ergo, permanece vigente. Establece dos formas para la celebración del único rito romano: una forma normal u ordinaria y una forma extraordinaria.

La forma ordinaria se celebra con el Misal según la edición típica promulgada por Pablo VI y las posteriores ediciones aprobadas por la autoridad.

La forma extraordinaria se celebra con el Misal promulgado por San Pio V según la edición típica aprobada por Juan XXIII en 1962. A estos fines, las normas establecidas por la Congregación para el Culto Divino en la Carta *Quattuor abhinc annos* y por Juan Pablo II en el motu proprio *Ecclesia Dei* quedan sustituidas (han sido expresamente derogadas) por el motu proprio *Summorum Pontificum*.

"(…) son dos usos del único Rito Romano, que se colocan uno al lado del otro. Ambas formas son expresión de la misma lex orandi de la Iglesia. Por su uso venerable y antiguo, la forma extraordinaria debe ser conservada con el honor debido."[90]

Art. 2.-En las Misas celebradas sin el pueblo, todo sacerdote católico de rito latino, tanto secular como religioso, puede utilizar sea el Misal Romano editado por el beato Papa Juan XXIII en 1962 sea el Misal Romano promulgado por el Papa Pablo VI en 1970, en cualquier día, exceptuado el Triduo Sacro. Para dicha celebración siguiendo uno u otro misal, el sacerdote no necesita ningún permiso, ni de la Sede Apostólica ni de su Ordinario.

Benedicto XVI libera el uso de Misal romano antiguo para las celebraciones privadas en cualquier día del año, excepto para el Triduo pascual. Su utilización no requiere de ningún permiso especial. Queda librado a criterio del sacerdote con qué forma celebrar: ordinaria o extraordinaria. En el art. 4 quedará establecido que a estas Misas podrán asistir los fieles que lo pidan. No necesitarán ninguna autorización especial de nadie para hacerlo.

En *Universae Ecclesiae* nº 23 leemos al respecto:

"La facultad para celebrar la Misa sine populo (o con la participación del solo ministro) en la forma extraordinaria del Rito Romano es concedida por el Motu Proprio a todos los sacerdotes diocesanos y religiosos (cf. Motu Proprio Summorum Pontificum, art. 2). Por lo tanto, en tales celebraciones, los sacerdotes, en conformidad con el Motu Proprio Summorum Pontificum, no necesitan ningún permiso especial de sus ordinarios o superiores."

Art. 3.-Las comunidades de los institutos de vida consagrada y de las Sociedades de vida apostólica, de derecho tanto pontificio como diocesano, que deseen celebrar

la Santa Misa según la edición del Misal Romano promulgado en 1962 en la celebración conventual o "comunitaria" en sus oratorios propios, pueden hacerlo. Si una sola comunidad o un entero Instituto o Sociedad quiere llevar a cabo dichas celebraciones a menudo o habitualmente o permanentemente, la decisión compete a los Superiores mayores según las normas del derecho y según las reglas y los estatutos particulares.

Benedicto XVI libera el uso del Misal romano antiguo para la celebración comunitaria de los Institutos de Vida consagrada y Sociedades de Vida apostólica. Observadas las normas del derecho particular de cada una de ellas, no requerirán autorización especial para hacerlo, ya sea ocasional o permanentemente. Me remito al transcripto nº 23 de *Universae Ecclesiae*.

Art 4.-A la celebración de la Santa Misa, a la que se refiere el artículo 2, también pueden ser admitidos -observadas las normas del derecho- los fieles que lo pidan voluntariamente.

Cualquier fiel podrá participar de una Misa según la forma extraordinaria celebrada privadamente sin necesidad de pedir una autorización especial para hacerlo.

Art.5.§1.-En las parroquias, donde haya un grupo estable de fieles adherentes a la precedente tradición litúrgica, el párroco acogerá de buen grado su petición de celebrar la Santa Misa según el rito del Misal Romano editado en 1962. Debe procurar que el bien de estos fieles se armonice con la atención pastoral ordinaria de la parroquia, bajo la guía del obispo como establece el canon 392 evitando la discordia y favoreciendo la unidad de toda la Iglesia. §2.- La celebración según el Misal del beato Juan XXIII puede tener lugar en día ferial; los domingos y las festividades puede haber también una celebración de ese tipo. §3.- El párroco permita también a los fieles y sacerdotes

que lo soliciten la celebración en esta forma extraordinaria en circunstancias particulares, como matrimonios, exequias o celebraciones ocasionales, como por ejemplo las peregrinaciones. §4.-Los sacerdotes que utilicen el Misal del beato Juan XXIII deben ser idóneos y no tener ningún impedimento jurídico. §5.-En las iglesias que no son parroquiales ni conventuales, es competencia del Rector conceder la licencia más arriba citada.

§1. Un grupo estable de fieles unidos al *usus antiquior* podrá solicitar a un párroco que celebre según la forma extraordinaria. El párroco deberá acceder a esta petición dejando a salvo:

1-Que la celebración según la forma extraordinaria se armonice con la atención pastoral al resto de los fieles. De manera que deberá seguir celebrando según la forma ordinaria para aquellos que no formen parte del grupo estable.

2-Deberá evitar en su proceder la discordia y favorecer la unidad de toda la comunidad a su cargo.

Entendemos que el párroco no tiene opción de no celebrar según el rito extraordinario ante el pedido de un grupo estable de fieles salvo por motivos de gravedad que lo impidieran. Entre esos motivos se nos ocurre a modo ejemplificativo y siguiendo el texto: que la celebración produjera un resquebrajamiento claro y evidente de la unidad. No se nos ocurre cómo podría darse esto prácticamente, atendiendo a la realidad de nuestras comunidades. Pero ha menester no descartar del todo esa hipótesis.

Entendemos que el párroco no necesita autorización del Obispo para acceder al pedido del grupo estable. Esto surge clarísimamente del texto y de todo el motu proprio.

Los obispos pueden publicar aclaraciones o instrucciones para la implementación de *Summorum Pontificum*, pero no pueden restringir su uso de ninguna manera- Vgr introduciendo obligaciones o subordinando su aplicación a determinados requisitos inexistentes en el texto papal. Esta afirmación vale también para las Conferencias Episcopales.

El pedido por parte de un grupo de fieles es un requisito para que los fieles puedan concretar o hacer efectivo el derecho que tienen a la celebración de la Santa Misa según la forma extraordinaria. Pero no es un requisito para la pública celebración de la misma. Es decir: si un sacerdote quiere celebrar la Santa Misa según la forma extraordinaria sin que nadie se lo haya solicitado, puede hacerlo. Y no requiere ningún permiso especial de sus superiores para obrar en consecuencia.

Los fieles que no forman parte del grupo estable también pueden participar de la Santa Misa según la forma extraordinaria.

Es claro también que el parágrafo busca garantizar el derecho de los fieles a acceder a la forma extraordinaria. Pone límites muy duros y definidos al discernimiento parroquial: que el pedido de los fieles no favorezca la discordia y quiebre la unidad. Es claro también que el Papa presume que ni el pedido en sí mismo ni acceder al pedido de los fieles, favorece la discordia ni quiebra la unidad. Habrá que demostrarlo en cada caso concreto. Sin embargo, así no lo entendieron muchos obispos en tiempos de *Quottor abhninc annos* y de *Ecclesia Dei*.[91] A nuestro entender, se recepta la experiencia de esos años en que muchos fieles fueron espantados como moscas molestas de los templos por pretender ejercer un derecho que el Papa les reconocía, si bien subordinado al discernimiento del obispo. Ahora la cosa cambia. El Papa dice: para mí ni quiebra la unidad ni favorece la discordia que un grupo de fieles peticione celebrar según el *usus antiquior*, de manera que accédase a su pedido previa petición al párroco. En consecuencia, deberá el párroco demostrar que el pedido de los fieles favorece la discordia y quiebra la unidad para negarles hacer efectivo su derecho.

En todo caso, el párroco no podrá descuidar al resto de los fieles que tienen derecho a que se celebre según el rito ordinario.

El principio sentado quedaría definido así: un grupo estable de fieles adheridos a la forma extraordinaria tiene derecho a solicitar a un párroco que celebre según esa forma. El párroco tiene el deber de acceder al pedido conforme a su oficio. Es decir: no descuidará al resto de los fieles quienes tienen el derecho de que se celebre según la forma ordinaria. Y en todo su proceder, evitará la discordia y favorecerá la unidad. Sólo si por causas graves estas últimas se vieran afectadas, podría negar el pedido del grupo estable de fieles. Por ejemplo: en el supuesto contemplado en *Universae Ecclesiae* nº 17 §2, que explicamos más adelante. El obispo en esta relación debe velar para que se cumpla el motu proprio.

La Instrucción *Universae Ecclessiae* nº 15 especificó qué debe entenderse por "grupo estable de fieles" y sus características:

"Un coetus fidelium se puede definir stabiliter existens, a tenor el art. 5§1 del motu proprio Summorum Pontificum, cuando esté constituido por algunas personas de una determinada parroquia que, incluso después de la publicación del motu proprio, se hayan unido a causa de la veneración por la Liturgia según el usus antiquior, las cuales solicitan que ésta sea celebrada en la iglesia parroquial o en un oratorio o capilla; tal coetus puede estar también compuesto por personas que provengan de diferentes parroquias o diócesis y que, para tal fin, se reúnen en una determinada parroquia o en un oratorio o capilla."

Y en el nº 19 agrega:

"Los fieles que piden la celebración en la forma extraordinaria no deben sostener o pertenecer de ninguna manera a grupos que se manifiesten contrarios a la validez o legitimidad de la Santa Misa o de los sacramentos celebrados en la forma ordinaria o al Romano Pontífice como Pastor Supremo de la Iglesia universal."

Las aclaraciones son muy valiosas. Queda bien establecido que se considera "grupo de fieles estable" a:

1-Una cantidad de fieles indeterminada en número.[92]

2-Unida por su veneración a la liturgia según el *usus antiquior*.

3-Cuya fecha de existencia puede ser anterior o posterior al motu proprio *Summorum Pontificum*.

Cuya procedencia puede ser de la misma o diferentes parroquias o diócesis, y

Que no deben pertenecer ni sostener a grupos que se manifiesten contrarios a la validez o legitimidad de la Santa Misa o de los sacramentos en su forma ordinaria o desconocer la autoridad del Papa como Pastor Supremo de la Iglesia.

La *Universae Ecclesiae* nº 17§ 2 establece:

"En los casos de grupos numéricamente menos consistentes, habrá que dirigirse al ordinario del lugar para individuar una iglesia en la que dichos fieles puedan reunirse para asistir a tales celebraciones y garantizar así una participación más fácil y una celebración más digna de la Santa Misa."

Es decir que cuando el grupo estable de fieles no alcance importancia numérica- que no se especifica cuál es- no deben dirigirse al párroco sino al obispo diocesano o al vicario general o al vicario episcopal correspondiente y articular su solicitud ante cualquiera de ellos. De presentarse ante el párroco, éste deberá derivarlos a la autoridad señalada. Interpreto que la norma es clara y es uno de los motivos concretos que el párroco o el sacerdote a cargo de la iglesia podrá argumentar para negar la celebración solicitada.

"A los fieles no se les obliga a tener vastos conocimientos de lengua latina, bastando un misal bilingüe o cualquier folleto"[93] para poder participar de la forma extraordinaria.

§2. Se autoriza celebrar según la forma extraordinaria tanto en días feriales como festivos. *Universae Ecclesiae* n° 33 aclara que en las Misas con el pueblo, también se puede celebrar el Triduo Pascual en la forma extraordinaria.

Recordemos que el art. 2 de *Summorum Pontificum* prohíbe la celebración de la Misa privada en la forma extraordinaria durante el Triduo Pascual.

Resumiendo: durante el Triduo Pascual se puede celebrar la forma extraordinaria con pueblo pero no privadamente.

"El coetus fidelium que sigue la tradición litúrgica anterior, si hubiese un sacerdote idóneo, puede celebrar también el Triduo Pascual en la forma extraordinaria. Donde no haya una iglesia u oratorio previstos exclusivamente para estas celebraciones, el párroco o el ordinario, de acuerdo con el sacerdote idóneo, dispongan para ellas las modalidades más favorables, sin excluir la posibilidad de una repetición de las celebraciones del Triduo Pascual en la misma iglesia."

Universae Ecclesiae especifica respecto a la disciplina litúrgica y eclesiástica en la forma extraordinaria:

"24.Los libros litúrgicos de la forma extraordinaria han de usarse tal como son. Todos aquellos que deseen celebrar según la forma extraordinaria del Rito Romano deben conocer las correspondientes rúbricas y están obligados a observarlas correctamente en las celebraciones."

"25. En el Misal de 1962 podrán y deberán ser inseridos nuevos santos y algunos de los nuevos prefacios, según a la normativa que será indicada más adelante."

"Más adelante": se refiere a otro documento que será emitido con posterioridad a *Universae Ecclesiae.* Todavía no apareció.

"28. Además, en virtud de su carácter de ley especial, dentro de su ámbito propio, el Motu Proprio Summorum Pontificum deroga aquellas medidas legislativas inherentes a los ritos sagrados, promulgadas a partir de 1962, que sean incompatibles con las rúbricas de los libros litúrgicos vigentes en 1962."

En virtud de lo antedicho, no se permiten en la forma extraordinaria ni los laicos como ministros extraordinarios de la Santa Comunión ni las mujeres en el servicio del altar ni la comunión en la mano.

§3. Se autoriza celebrar según la forma extraordinaria también en circunstancias particulares. A modo meramente ejemplificativo se citan: matrimonios, exequias y peregrinaciones. De manera que se ratifica en este parágrafo el criterio amplio a favor de la forma extraordinaria.

§4.*Universae Ecclesiae* n°20 especifica qué se entiende por "sacerdote idóneo":

1-Cualquier sacerdote que no esté impedido de celebrar la Santa Misa, según las prescripciones del Código de Derecho Canónico; y

2-Que tenga un conocimiento suficiente del latín tal que le permita pronunciar correctamente las palabras y entender su significado; y, además por último,

3-Que conozca el desarrollo del rito según la forma extraordinaria.

Se presumen idóneos los sacerdotes que se presenten espontáneamente para celebrar en la forma extraordinaria y conste que la han usado con anterioridad.

En *Universae Ecclesiae* 27 se aclara:

"Con respecto a las normas disciplinarias relativas a la celebración, se aplica la disciplina eclesiástica contenida en el Código de Derecho Canónico de 1983."

De manera que aunque se trate de *usus antiquior*, en orden a la licitud y validez de las celebraciones, rigen las normas disciplinarias contenidas en el Código de Derecho Canónico de 1983 y no en el de 1917.

También en materia disciplinaria, la Instrucción considera necesario aclarar que en los institutos de vida consagrada y en las sociedades de vida apostólica que dependen de la Pontificia Comisión *Ecclesia Dei*, el profeso con votos perpetuos en un instituto religioso o incorporado definitivamente a una sociedad clerical de vida apostólica, queda incardinado como clérigo en ese instituto o sociedad al recibir el diaconado. De esta manera, ratifica la vigencia del Código de Derecho Canónico de 1983 y no el de 1917 para los supuestos *sub examine*.[94]

Universae Ecclesiae nº 16 trae a colación el supuesto de que un sacerdote idóneo se presente ocasionalmente con un grupo de fieles en una iglesia con la intención de celebrar según la forma extraordinaria. La situación se resuelve a favor del derecho de los fieles a la celebración. El responsable de la iglesia debe admitirla dejando a salvo el respeto por los horarios establecidos en el templo para las celebraciones litúrgicas. Dice la norma textualmente:

"En caso de que un sacerdote se presente ocasionalmente con algunas personas en una iglesia parroquial o en un oratorio, con la intención de celebrar según la forma extraordinaria, como previsto en los art. 2 y 4 del Motu Proprio Summorum Pontificum, el párroco o el rector de una iglesia o el sacerdote responsable admitan tal celebración, respetando las exigencias de horarios de las celebraciones litúrgicas de la misma iglesia."

Finalmente, debemos decir que *Universae Ecclesiae* nº 21 prevé la formación de sacerdotes idóneos en la forma extraordinaria:

"Se exhorta a los ordinarios a que ofrezcan al clero la posibilidad de adquirir una preparación adecuada para las celebraciones en la forma extraordinaria. Esto vale también para los seminarios, donde se deberá proveer a que los futuros sacerdotes tengan una formación conveniente en el estudio del latín y, según las exigencias pastorales, ofrecer la oportunidad de aprender la forma extraordinaria del rito."

§5.Para las iglesias que no son parroquiales ni conventuales, es facultad del Rector de la misma atender al pedido del grupo estable de fieles.

Universae Ecclesiae nº 17 § 1 dice:

"Con el fin de decidir en cada caso, el párroco, el rector o el sacerdote responsable de una iglesia se comportará según su prudencia, dejándose guiar por el celo pastoral y un espíritu de generosa hospitalidad."

Según el criterio más arriba explicado, creemos que existe obligación de atender al pedido de los fieles que solicitan la forma extraordinaria, ello por cuanto es un derecho de los mismos fieles que *Summorum Pontificum* garantiza. Esto no quita que deba discernirse en cada caso cada pedido atendiendo a las reglas que ofrece el motu proprio y, en general, a la prudencia pastoral. Lo que resulta a todas luces exótico es creer que *Summorum Pontificum* o *Universae Ecclesiae* con sus disposiciones liberan la discrecionalidad sin límites. Al contrario, ambas son bien claras en los límites que permiten negar el ejercicio de este derecho: que se trate de un grupo de fieles que no reúnen los requisitos establecidos y que el sacerdote no sea idóneo. No vemos cómo se podrá negar el ejercicio de este derecho cuando el grupo de fieles y el sacerdote cumplen con todo lo preceptuado por *Summorum Pontificum* y por *Universae Ecclesiae*. El principio es que el pedido se conceda. La excepción es que se deniegue por graves razones. Y no al revés. No existe un derecho del párroco o del rector o del sacerdote a cargo a otorgar o no la celebración según la forma extraordinaria: el derecho ya existe y lo reconoció el Papa. Lo que le corresponde a él es discernir el cómo, cuándo y dónde se ejercitará ese derecho. Por eso, considero que en realidad, carece de facultades para negar la celebración: su discernimiento deberá orientarse a satisfacer el derecho de los fieles de tal manera que no provoque daño. Entonces, le corresponde facilitar y sugerir. Esta ocurrencia, que he leído, según la cual deberá explicarles a los fieles los beneficios de la forma ordinaria, me parece una ridiculez. Los fieles que reclaman la forma extraordinaria no cuestionan la ordinaria, simplemente pretenden ejercer un derecho que el Papa ni siquiera les otorga: les reconoce. Y esto desde el momento que dice: la liturgia anterior a las reformas posconciliares nunca fue abrogada.

Fuera de los casos explicados de parroquias o iglesias no parroquiales, también debe permitirse la celebración según la forma extraordinaria en los santuarios y lugares de peregrinación siempre y cuando haya un sacerdote idóneo para celebrar. Dice al respecto la *Universae Ecclesiae* nº 18:

"También en los santuarios y lugares de peregrinación se ofrezca la posibilidad de celebrar en la forma extraordinaria a los grupos de peregrinos que lo requieran (cf. Motu Proprio Summorum Pontificum, art. 5 § 3), si hay un sacerdote idóneo."

Art.6.En las misas celebradas con el pueblo según el Misal del Beato Juan XXIII, las lecturas pueden ser proclamadas también en la lengua vernácula, usando ediciones reconocidas por la Sede Apostólica.

Conforme lo explica la *Universae Ecclesiae* nº 26 las lecturas de la Santa Misa según el Misal de 1962 pueden ser proclamadas:

1-exclusivamente en lengua latina, o

2-en lengua latina seguida de la traducción en lengua vernácula, o

3-en las Misas leídas, también sólo en lengua vernácula.

Art.7.Si un grupo de fieles laicos, como los citados en el art. 5 §1, no ha obtenido satisfacción a sus peticiones por parte del párroco, informe al obispo diocesano. Se invita vivamente al obispo a satisfacer su deseo. Si no puede proveer a esta celebración, el asunto se remita a la Pontificia Comisión *Ecclesia Dei*.

Ratifica el criterio papal de garantizar el derecho de los fieles adherentes a la forma extraordinaria. Insistimos en que, a nuestro criterio, se recepta la experiencia de años anteriores en que no bastó ni el deseo papal ni el deseo de los fieles para que un discernimiento episcopal equivocado vedará el acceso de los fieles al *usus antiquior*. Por eso, si el grupo estable no es atendido por el párroco en su petición a celebrar según la forma extraordinaria, puede ocurrir ante el obispo diocesano. Y si éste tampoco accede, queda habilitada la vía para ocurrir directamente a la Santa Sede a través de la Comisión *Ecclesia Dei*. Es muy claro que el Papa desea remover obstáculos que impidan la convivencia armónica de las dos formas del rito latino.[95]

Art. 8. El obispo, que desea responder a estas peticiones de los fieles laicos, pero que por diferentes causas no puede hacerlo, puede indicarlo a la Comisión *Ecclesia Dei* para que le aconseje y le ayude.

Es muy probable que una diócesis carezca de sacerdotes idóneos para celebrar según la forma extraordinaria. En este caso, la Santa Sede proveerá a la solución de este problema. En este caso, el Papa se pone al servicio de los obispos con todos los medios de la Sede Apostólica para garantizar el deseo de sus fieles.

Por eso dice *Universae Ecclesiae* n° 22:

"En las diócesis donde no haya sacerdotes idóneos, los obispos diocesanos pueden solicitar la colaboración de los sacerdotes de los institutos erigidos por la Comisión Ecclesia Dei o de quienes conozcan la forma extraordinaria del rito, tanto para su celebración como para su eventual aprendizaje."

Art. 9.§1.El párroco, tras haber considerado todo atentamente, puede conceder la licencia para usar el ritual precedente en la administración de los sacramentos del Bautismo, del Matrimonio, de la Penitencia y de la Unción de Enfermos, si lo requiere el bien de las almas. §2.A los ordinarios se concede la facultad de celebrar el sacramento de la Confirmación usando el precedente Pontifical Romano, siempre que lo requiera el bien de las almas. §3.A los clérigos

constituidos *in sacris* es lícito usar el Breviario Romano promulgado por el Beato Juan XXIII en 1962.

§1. Se reconoce el derecho del párroco para hacer extensivo el uso de la forma extraordinaria a los sacramentos del bautismo, matrimonio, penitencia y unción de los enfermos. Se subordina su concesión "al bien de las almas", de manera que el criterio de discernimiento parroquial es muy amplio. Por serlo, también el de discrecionalidad. La experiencia no es muy buena. Queda bien claro que se trata de una potestad del párroco: el original en latín dice específicamente *licentiam concedere potest*. De manera que la petición solicitada se puede negar sin abundar en causas y abriendo un amplio campo al capricho clerical (que los laicos conocemos muy bien, por experiencia). No se utiliza la misma fórmula para el artículo 5 que, según nuestro criterio, establece una obligación en cabeza del párroco y no una facultad a conceder.

§2.*Universae Ecclesiae* nº 29 aclara respecto al sacramento de la Confirmación que:

"(…) no es necesario utilizar para la forma extraordinaria la fórmula renovada del Ritual de la Confirmación promulgado por el Papa Pablo VI."

§3. Se concede a los clérigos la facultad de usar el *Breviarium Romanum* (Breviario, hoy conocido como Liturgia de las Horas) en vigor en 1962. El mismo se recita integralmente en lengua latina.[96]

Asimismo, se permite a las órdenes religiosas el uso de los libros litúrgicos propios vigentes en 1962.[97]

Finalmente, sólo a los Institutos de vida consagrada y Sociedades de vida apostólica dependientes de la Comisión *Ecclessia Dei* o que estén especialmente autorizados al uso de los libros litúrgicos de la forma extraordinaria, se les permite el uso del *Pontificale Romanum* para conferir las órdenes menores y mayores.[98]

Fuera de los tres casos apuntados anteriormente, la Instrucción *Universae Ecclesiae* en su artículo 35 extiende y permite el uso del *Pontificale Romanum, del Rituale Romanum* y del *Caeremoniale Episcoporum* vigentes en 1962, recordando que a tales libros no les afectarán las modificaciones legislativas introducidas a los ritos sagrados posteriores a 1962 que sean incompatibles con sus rúbricas, tal como establece el artículo 28 de la misma Instrucción.

Como puede apreciarse, se trata de disposiciones muy puntuales destinadas a despejar dudas acumuladas durante los cuatro años de vigencia de *Summorum Pontificum*.

Art. 10.El ordinario del lugar, si lo considera oportuno, puede erigir una parroquia personal según la norma del canon 518 para las celebraciones con la forma antigua del rito romano, o nombrar un capellán, observadas las normas del derecho.

Dice el canon 518 del Código de Derecho Canónico:

"Como regla general, la parroquia ha de ser territorial, es decir, ha de comprender a todos los fieles de un territorio determinado; pero, donde convenga, se constituirán parroquias personales en razón del rito, de la lengua o de la nacionalidad de los fieles de un territorio, o incluso por otra determinada razón."

La autorización conferida por el art. 10 entra en el supuesto "o incluso por otra determinada razón" previsto por el canon 518 del Código de Derecho Canónico. De manera que el obispo diocesano o los Vicarios generales y episcopales podrán:

1-Crear parroquias personales (es decir, no limitadas por un territorio sino comprendiendo fieles de distintos territorios) para que en ellas se celebre exclusivamente según la forma extraordinaria; o

2-Nombrar capellanes para que atiendan a los fieles adheridos a la forma extraordinaria. [99]

Art. 11.La Pontificia Comisión *Ecclesia Dei*, erigida por Juan Pablo II en 1988, sigue ejercitando su misión. Esta Comisión debe tener la forma, y cumplir las tareas y las normas que el Romano Pontífice quiera atribuirle.

Art. 12.La misma Comisión, además de las facultades de las que ya goza, ejercitará la autoridad de la Santa Sede vigilando sobre la observancia y aplicación de estas disposiciones.

La Comisión *Ecclesia Dei* creada por Juan Pablo II a través del motu proprio homónimo, tiene potestad ordinaria vicaria concedida por el Papa, para la materia de su competencia:

1.Vela especialmente por la observancia y aplicación de las disposiciones del motu proprio *Summorum Pontificum*.[100]

2.Resuelve los recursos interpuestos contra resoluciones administrativas contrarias a *Summorum Pontificum*. [101] A su vez, esas decisiones de la Comisión *Ecclessia Dei* pueden ser impugnadas a tenor del derecho ante el Tribunal Supremo de la Signatura Apostólica.[102]

Si alguien dudaba a esta altura que estuviéramos ante un derecho de los fieles que el Papa trata de garantizar a través del motu proprio, me parece que la sola lectura de estas disposiciones disipa cualquier posibilidad de dudar. Excepto que aún abrigue prejuicios litúrgicos.

Previa aprobación de la Congregación para el Culto Divino y la Disciplina de los Sacramentos, se ocupa de la eventual edición de los textos litúrgicos relacionados con la forma extraordinaria del Rito Romano.[103]

Con fecha 2 de julio de 2009, al cumplirse veintiún años del motu proprio *Ecclesia Dei*, Benedicto XVI emitió el motu proprio *Ecclesiae Unitatem*. En éste reformuló la estructura de la Comisión *Ecclesia Dei* vinculándola estrechamente a la Congregación para la Doctrina de la Fe. A partir de este documento, la Comisión será presidida por el Prefecto de esta última.

Con fecha 19 de enero de 2019, el Papa Francisco suprimió la Comisión *Ecclesia Dei* y asignó la totalidad de sus tareas a la Congregación para la Doctrina de la Fe. Creó, asimismo, una Sección Especial dentro de ésta la cual estará comprometida a continuar el trabajo de vigilancia, promoción y protección hasta el momento llevado a cabo por la suprimida Comisión Pontificia *Ecclesia Dei*.

Finaliza *Summorum Pontificum* con las siguientes palabras:

"Todo cuanto hemos establecido con estas Cartas Apostólicas en forma de motu proprio, ordenamos que se considere "establecido y decretado" y que se observe desde el 14 de septiembre de este año, fiesta de la Exaltación de la Santa Cruz, pese a lo que pueda haber en contrario."

Si bien el motu proprio fue dado el día 7 de julio de 2007 se dispone que su entrada en vigor sea a partir del 14 de setiembre de 2007, estableciendo una excepción a las normas canónicas generales que hubieran determinado su vigencia con anterioridad.

Es claro que el Papa ha querido que la Iglesia reciba este documento, lo estudie y asimile con tranquilidad, sin apresuramientos ni presiones. La Instrucción *Universae Ecclesiae* fue dada el 30 de abril de 2011 junto con una nota explicativa. El tiempo transcurrido entre ella y *Summorum Pontificum* permiten afirmar que colectó la experiencia adquirida con la aplicación del motu proprio.

Significado de *Summorum Pontificum*

"(…) toda reforma hay que hacerla dentro de la Iglesia y jamás contra la Iglesia." Benedicto XVI. [104]

Mucho se ha hablado del significado del motu proprio *Summorum Pontificum*. Trataremos de sintetizar las diferentes opiniones, entre las que encontraremos también las de sus críticos.

1.Comencemos por un enfoque jurídico de la cuestión. Enfoque que no es el más importante pero que no puede evitarse, por cuanto *Summorum Pontificum* es el resultado de un acto legislativo del Papa.

El motu proprio *Summorum Pontificum* es una ley universal de la Iglesia dictada por el Papa, que no puede ser limitada ni restringida por ninguna norma del derecho particular. Ningún Obispo tiene autoridad para alterar el contenido de *Summorum Pontificum*, ya sea directa o indirectamente. Expresa la decisión pontificia de intervenir decididamente en materia litúrgica para corregir una interpretación de los hechos y de las normas que consideraba erradas, afirmando con claridad que el *usus antiquior* no fue abrogado por la reforma posconciliar. Desde este momento, quedan relegadas a la historia las discusiones de cuarenta años sobre si tal abrogación se había producido o no. Carece de sentido común eclesial seguir insistiendo en esto. Pero además, carece de espíritu de obediencia al Papa llevar al debate algo que está resuelto con el motu proprio.

A partir de este explícito reconocimiento papal, correspondía regular el *usus antiquior* para que conviviera armónicamente con la liturgia renovada. Esto es lo que hizo el Papa. De manera que el significado más profundo desde este punto de vista no es el motu proprio en sí mismo, sino la declaración papal en él contenida en el sentido de que nunca fue abrogada la liturgia tradicional. Este principio es el que, de suyo, dispara al motu proprio. Al no estar abrogada y al ser insuficientes los indultos concedidos con anterioridad por Juan Pablo II (porque en la realidad de los hechos eran cortésmente desobedecidos), el Papa considera un deber legislar sobre esta materia con regulaciones específicas y concretas.

2.Es un don del Papa a todos los fieles de la liturgia tradicional. En este sentido, continúa la línea ya expresada por Juan Pablo II de no querer desatender los reclamos de aquéllos, encauzando sus anhelos de celebrar bajo el *usus antiquior.* A su vez, es el reconocimiento del valor litúrgico que se asigna a la forma extraordinaria. De no existir el convencimiento papal de la contribución de ésta al crecimiento de la santidad en la iglesia, bastaba con ignorarla y seguir adelante. Pero eso no es lo que hizo el Papa. Finalmente, traduce una sensibilidad paternal y delicadamente pastoral de Benedicto XVI hacia todos esos fieles, a quienes siempre había defendido ya como teólogo-profesor, ya como Arzobispo de Munich, ya como Cardenal Prefecto y ahora como Papa. En esto ha tenido una línea de coherencia ininterrumpida desde los últimos cincuenta años.

3.Traduce el deseo del Papa de hacer accesible a todos los fieles la enorme riqueza espiritual, religiosa y cultural presente en la liturgia del rito gregoriano. No está dirigido sólo a los fieles adheridos al rito antiguo sino a toda la Iglesia. Pensando, principalmente, en quienes no conocen esta forma extraordinaria.

4.Es un gesto de reconciliación del Papa. Se trata de facilitar el acercamiento y plena regularización jurídico-canónica de la Fraternidad San Pio X y de otros grupos tradicionalistas con sólidos cuestionamientos a las reformas litúrgicas posconciliares.

5.*Summorum Pontificum* es la indicación precisa, en el plano normativo y litúrgico, de aquella continuidad teológica que Benedicto XVI había presentado como la única hermenéutica correcta para la lectura y la comprensión de la vida de la Iglesia y, en especial, del Concilio Vaticano II (Guido Marini).

6.Benedicto XVI ha pretendido dar un nuevo impulso litúrgico a la Iglesia, abriendo una ventana con *Summorum Pontificum*, para que poco a poco cambie el aire y vuelva a su sitio todo lo que ha ido más allá de la intención y la letra del Concilio Vaticano II, en continuidad con toda la Tradición de la Iglesia (Bux). *Summorum Pontificum* fomentará la renovación litúrgica, que era la meta del Concilio (Cardenal Raymond Burke).

7.*Summorum Pontificum*, al restituir la libertad al rito antiguo, levanta una nueva barrera contra el secularismo. Es una respuesta eficaz al desafío de la secularización (De Mattei).[105]

8.*Summorum Pontificum* "es reconocer y acoger, con sencillez y en toda su amplitud, los tesoros y la herencia de la gran Tradición que tiene en la liturgia su expresión más auténtica y profunda. La Iglesia no puede permitirse prescindir, olvidar o renunciar a los tesoros y a la rica herencia de esta tradición contenida en el Rito romano. Sería una traición y una negación de sí misma. No se puede abandonar la herencia histórica de la liturgia eclesiástica, ni querer establecer todo ex novo, como algunos pretenderían, sin amputar partes fundamentales de la misma Iglesia." (Cardenal Cañizares)[106]

9.*Summorum Pontificum* reconcilia a la Iglesia consigo misma rescatando una parte de su historia litúrgica. Por eso no es un paso atrás ni un retorno al pasado. Es un acto de reconciliación.

10.*Summorum Pontificum* fue querido por el Papa como un instrumento destinado a dar de nuevo su primacía a la liturgia (Bux).

11.*Summorum Pontificum* es un "puente ecuménico", que facilita el acercamiento con las confesiones ortodoxas y anglicanas. El difunto patriarca de Moscú Alejo II aplaudió el motu proprio y dijo:

"El Papa ha hecho bien. Todo lo que es recuperación de la tradición acerca a los cristianos entre ellos."

12.Con *Summorum Pontificum*, el presupuesto, ampliamente difundido, según el cual hasta el Concilio Vaticano II la Iglesia estuvo frenada y sólo entonces se puso en camino; y que opone, en consecuencia, la tradición al progreso, ha sido claramente puesto en entredicho (Bux).

13.*Summorum Pontificum* cubre la necesidad de proveer a los Obispos de un instrumento jurídico que los ayude en su tarea de moderadores de la liturgia en su Iglesia particular.

14.*Summorum Pontificum* revela el amor del Papa por la liturgia tradicional y su consideración hacia ella como un tesoro digno de salvar.

15.Este motu proprio, "especialmente a través del mutuo enriquecimiento de la celebración de las dos formas del Rito Romano, purificará nuestro culto de todo lo que sea indigno, de todo lo que sea culto a nosotros mismos en lugar de culto a Dios, y dará, por tanto, frutos de una mayor santidad de vida."[107]

16.Con *Summorum Pontificum*, "el Supremo Legislador, en este caso Benedicto XVI, realiza un acto de publica reparación y de justicia. De reparación, al reconocer de facto que durante cuarenta años las autoridades han conculcado un derecho legítimo. De justicia, al sancionar una ley que devuelve a todos las posibilidad de ejercer un derecho que hasta la fecha ha venido siendo impedido y obstaculizado."[108]

17.Es un gesto de sentido común eclesial con el que se ha reconocido la plena validez de un rito que ha nutrido espiritualmente a la Iglesia occidental durante siglos (Cañizares).

Ahora bien, es público y notorio que algunos han manifestado resistencias al motu proprio. Lamentablemente, debemos decir que también se cuentan Obispos entre ellos, principalmente en Europa.

Si bien es cierto que es nula cualquier regulación que produzca un Obispo u Ordinario restringiendo o limitando *Summorum Pontificum*, y que se ha otorgado a través de éste amplia libertad de acción y discernimiento a los párrocos para su aplicación, también es cierto que el desconocimiento del derecho por parte del clero, en general, es alarmante. Y una opinión en contrario de un Obispo, aunque carezca de fundamento jurídico al hacerla, puede amedrentar a cualquier clérigo poco instruido.

Pero existe también una tercera opción: la indiferencia. Algunos Obispos no se pronuncian a favor pero tampoco en contra. Directamente lo ignoran. "Se acata pero no se cumple", tal como respondían los funcionarios de las colonias a las órdenes reales.

"Este día es para mí un día de pena. Tengo un nudo en mi garganta y no logro contener mis lágrimas. Pero, obedeceré el Santo Padre, porque soy un obispo y porque me preocupo por él. Sin embargo, no puedo ocultar mi tristeza al dejar de lado una de las reformas más importantes del Segundo Concilio Vaticano."

Así se expresaba Monseñor Luca Brandolini, obispo de Sora-Aquino-Pontecorvo y miembro del Comité Litúrgico de la Conferencia Episcopal italiana.

Y agregaba:

"Por favor, no me pregunten, no deseo hablar sobre ello, ya que vivo el día más triste de mi vida como un sacerdote, como obispo, y como hombre."

Esta es la visión de quienes entendieron la reforma litúrgica en clave de ruptura con el pasado. Hermenéutica de la discontinuidad. Además, confunde la reforma litúrgica con el Concilio Vaticano II. Ya lo dijimos y lo repetimos ahora: el Concilio no produjo ninguna reforma litúrgica. Simplemente, dio las pautas y las normas orientativas para producirla. Entre éstas no figuraban ni el reemplazo del latín en las celebraciones ni la Misa *versus populum*, ni la comunión en la mano; todas identificadas *per se* como cambios ordenados por el Concilio Vaticano II. Me parece mucho más lúcida la opinión del Cardenal Ranjith cuando era Secretario de la Congregación para el Culto Divino en una conferencia del 6 de octubre de 2007:

"El Motu Proprio Summorum Pontificum sobre la Liturgia Latina del 7 de julio del 2007 es fruto de una profunda reflexión de nuestro Papa sobre la misión de la Iglesia. No nos toca a nosotros, los que usamos la púrpura eclesiástica, cuestionar esto, desobedecer y anular el motu proprio con nuestras pequeñas "reglitas". Ni siquiera si fueron hechas por Conferencias Episcopales. Ni siquiera los obispos tienen ese derecho. Lo que el Santo Padre dice debe ser obedecido en la Iglesia. Si no seguimos ese principio, estaremos permitiendo que nada más ni nada menos que el Demonio nos utilice como sus instrumentos. Esto conduciría a discordia en la Iglesia y entorpecería su misión. No tenemos tiempo que perder. De lo contrario estaríamos comportándonos como el emperador Nerón, tocando el violín mientras Roma arde. Las iglesias se están vaciando, no hay vocaciones, los seminarios están vacíos. Los sacerdotes envejecen y los curas jóvenes, escasean."

"Esta es la visión de los que entendemos que la liturgia es el centro de la vida de la Iglesia. Que cuando ella decae, pone en crisis a todo el Cuerpo. Y que no habrá comienzo del fin de la crisis eclesial hasta no restablecer la Liturgia católica en los términos que fueron queridos, pensados y ordenados por el Concilio Vaticano II. Es entender la renovación litúrgica en clave de continuidad con el pasado. Hermenéutica de la continuidad y la reforma."

Abundan también otras interpretaciones inexactas de lo que significa *Summorum Pontificum*. Todas ellas tienen estos denominadores comunes:

1.Leen el Concilio Vaticano II en clave de ruptura con la historia de la Iglesia.

2.Aplican una hermenéutica equivocada, oponiéndola a la Tradición.

3.Ignoran el pensamiento de Joseph Ratzinger en materia litúrgica, que es el que ahora sostiene como Benedicto XVI. No se tomaron el trabajo de leer los planteos que hace y los objetivos que persigue.

4.Otros, lamentablemente, tergiversan todo y encuentran un motivo más para atacar despiadadamente a un Papa que posee todas las cualidades que le niegan con obstinación: dialoguista, paciente y tolerante. El asunto es atacarlo y descalificarlo. Congelaron la renovación litúrgica en las reformas posconciliares.

"Yo estoy de acuerdo en que el Papa deberá continuar una "reforma de la reforma" litúrgica del Concilio, usando una expresión de don Nicola Bux. Pero debe ser dicho con extrema claridad que al Papa le está costando hacer esta "reforma de la reforma". Existen tendencias negativas de resistencia, ni siquiera tan pasiva. La reforma litúrgica venida después del Concilio la mayoría de las

veces se ha llenado de pseudo interpretaciones o ha hecho valer casos excepcionales como norma – basta pensar en el problema de la lengua o el de la distribución de la Comunión en la mano-. Ha habido auténticos "golpes" de las Conferencias episcopales frente a Roma."[109]

De esta manera, los críticos pueden sostener de *Summorum Pontificum*:

1.Que es, simplemente, una respuesta de Benedicto XVI a los seguidores de Monseñor Lefebvre. Como si se tratara nada más que de una concesión. Nos parece un enfoque muy pequeño y de una comprensión francamente pobre de lo que entiende el Papa por renovación litúrgica. Si fuera así, hubiera bastado con que actualizara *Ecclesia Dei*. Y no lo hizo. *Summorum Pontificum* es superador respecto de *Ecclesia Dei*. Que el Papa busca la reconciliación con ellos no me cabe ninguna duda. Que el motu proprio tiene entre sus fines esa reconciliación, tampoco. Pero pretender entenderlo como un gesto papal desprendido del contexto de renovación litúrgica que lo inspira, decididamente, no me parece acertado. La importancia de *Summorum Pontificum* sólo se entiende cuando se entiende la mens papal:

"Por ello, de lo que se trata en los momentos que vivimos, lo más urgente sin duda, es promover y reavivar un nuevo impulso litúrgico que haga revivir la verdadera herencia del concilio Vaticano II y de aquel gran movimiento litúrgico del siglo XIX y primera mitad del XX, en la mente de todos, que desembocó y fecundó la Iglesia en el Vaticano II."[110]

2.Que es fruto de un pontificado "restauracionista", decidido a que la Iglesia retorne al período anterior al Concilio Vaticano II. Es cierto que sería necesario ponerse de acuerdo en qué significa el término "restauracionista". Pero, más allá de eso, no cabe duda de que se utiliza con tono peyorativo, dando a entender que el Papa busca eliminar de un plumazo al Concilio. Juan Pablo II también recibió esta acusación. Por el contrario, pensamos que el Papa está buscando caminos y alternativas para poner en movimiento la renovación litúrgica del Concilio. Que no la considera agotada en el trabajo de la Comisión reformadora. Que cree que debe debatirse con respeto y formación qué cosas se hicieron de conformidad a lo querido por el Concilio y qué cosas no. Cómo funciona esa reforma en nuestras comunidades y cómo debería funcionar. Porqué se perdió el sentido de lo sagrado y el misterio en nuestras celebraciones. Porqué la comunidad cristiana ignora que la Misa es sacrificio. Porqué se reiteran hasta institucionalizarse los abusos litúrgicos. Cree que los cambios que deban introducirse lo harán sin provenir de una decisión exclusiva y excluyente de la autoridad sino que deberán madurar primero en el Cuerpo eclesial y luego desarrollarse orgánicamente con la guía pastoral de esa misma autoridad. La renovación litúrgica no puede ser obra de expertos sino del desarrollo orgánico de la Tradición. No provendrá de ninguna revolución sino del respeto al patrimonio litúrgico bimilenario de la Iglesia.

3.Que es un retorno al pasado. Esta tendencia a mirar las cosas reemplaza la diferencia bueno-malo por nuevo- viejo. Si es nuevo es bueno. Si es viejo es malo. La búsqueda por la novedad reemplaza a la búsqueda por la verdad. Mucho de este espíritu es propio de la década del 60. Luce por su simplismo.

"Esta concepción del hombre "creador" que conduce a una visión secularizada de todo don de Dios, con frecuencia, no tiene un lugar, esta pasión por el cambio y la pérdida de la tradición, todavía no ha sido superada. Y esto, en mi opinión, entre otras cosas, ha hecho que algunos vieran con tanto recelo el motu proprio, o que a algunos les desagrade recibirlo y acogerlo, reencontrar las grandes riquezas de la tradición litúrgica romana que no podemos dilapidar, o buscar y aceptar el enriquecimiento recíproco entre la forma "ordinaria" y la "extraordinaria" en el único Rito romano."[111]

4.Implica un gesto de cerrazón de la Iglesia al mundo. Según esta tesis, el Concilio abrió las puertas al mundo y Benedicto quiere cerrarlas

5.Es un freno al diálogo ecuménico. No es cierto. Las tradiciones orientales están más cerca del *usus antiquior* que del *novus ordo*. Además, el diálogo ecuménico no significa claudicación en aras del ecumenismo. No tiene sentido renunciar a lo que siempre fuimos para ser lo que nunca fuimos.

"(…) la Iglesia Católica se ha convertido casi en la única comunidad cristiana en la que sacerdote y fieles no guardan la misma orientación durante la Plegaria" (Cardenal Koch).

6.Es simplemente una normativa más abierta y liberal con el *usus antiquior* que pretende reemplazar a una normativa anterior más restrictiva. Este criterio busca minimizar los alcances de *Summorum Pontificum* agotando la consideración sobre el tema en su aspecto meramente jurídico-canónico. Ya dijimos que este aspecto existe, pero implica y no ignora los alcances litúrgicos y pastorales que el motu proprio posee.

7.Ritos separados crean comunidades separadas. [112] Preguntamos: ¿es que acaso no hay unidad doctrinal entre los diferentes ritos? ¿No pertenecen todos a la misma Iglesia? La forma extraordinaria ¿nos remonta a una Iglesia distinta a la católica? Y si esto es así, ¿cómo es posible que la Misa tradicional se haya celebrado durante todo el Concilio Vaticano II?

"Quienes contraponen dicho Misal (el de 1962) al Concilio, sugieren en alguna forma, conciente o inconcientemente, que el Concilio habría cambiado juntamente con la lex orandi, la lex credendi de la Iglesia, lo cual sería de enorme gravedad." [113]

Tal como sostiene el cardenal Cañizares, hay que "poner en evidencia la identidad teológica entre la liturgia de los diversos ritos que se han celebrado a través de los siglos y la nueva liturgia fruto de la reforma o bien, si esta identidad se hubiera desdibujado, recuperarla."[114]

8.Existen razones pastorales para rechazar la forma extraordinaria. Según algunos, el pueblo huiría de las iglesias ante celebraciones en latín, de las que no entendería nada de nada. El "formalismo" del *usus antiquior* atentaría contra la supuesta "libertad" y "espontaneidad" del *novus ordo* o, mejor dicho, de lo que ellos consideran que es el *novus ordo*, es decir: la posibilidad de desatar el creativismo salvaje. Como hace el mundo, se asocia espontaneidad a autenticidad, en una relación que no tiene *per se* nada de verdadera. Que es lo que ha sucedido para que hoy se crea que siendo espontáneo se es auténtico, no lo sabemos. Cómo es posible que liberando al hombre racional de la razón sea cada vez más hombre, tampoco lo entendemos.

"Contra hechos no caben argumentos. Los hechos son tozudos e incontestables. Allí donde se viene celebrando conforme al uso extraordinario se multiplican las vocaciones sacerdotales y religiosas, acuden numerosos fieles que por su juventud no conocieron anteriormente dicha liturgia, se forman y congregan abundantes familias numerosas, se vive una vida cristiana con garra, florecen las virtudes cristianas y no disminuye el afán apostólico."[115]

9.*Summorum Pontificum* es un atentado contra el Concilio Vaticano II. Quienes sostienen tal aserto, deberían explicar porqué *Sacrosanctum Concilium* dice en su número 4:

"Por último, el sacrosanto Concilio, ateniéndose fielmente a la tradición, declara que la Santa Madre Iglesia atribuye igual derecho y honor a todos los ritos legítimamente reconocidos y quiere que en

el futuro se conserven y fomenten por todos los medios. Desea, además, que, si fuere necesario, sean íntegramente revisados con prudencia, de acuerdo con la sana tradición, y reciban nuevo vigor, teniendo en cuenta las circunstancias y necesidades de hoy."

El mutuo enriquecimiento de las formas

"Por lo demás, las dos Formas del uso del Rito romano pueden enriquecerse mutuamente (…)" Benedicto XVI.[116]

Ya explicamos en páginas anteriores que nunca existió uniformidad litúrgica en la Iglesia. Al contrario. Siempre convivieron diferentes ritos, todos ellos aprobados y todos ellos respondiendo a una única *lex credendi*. Diferentes formas legitimas de adorar, de celebrar, de orar. Pero una sola Fe.

En el motu proprio *Summorum Pontificum*, Benedicto XVI no crea otro rito. Legisla sobre el rito romano o latino de siempre. Pero no lo hace para alterar nada o revolucionar sobre lo ya existente. Se limita a decir: la reforma introducida al rito romano por Pablo VI (conocida como *novus ordo*) nunca abrogó la forma anterior del rito romano (conocida como *vetus ordo* o *usus antiquior*). Por consiguiente, corresponde legislar sobre esta realidad evidente. No habilita el *vetus ordo* ni tampoco lo rehabilita porque nunca fue inhabilitado. Legisla para reconciliar a la Iglesia y para proteger las legítimas aspiraciones y derechos de los fieles tradicionales, que no encontraban amparo en el orden vigente. Mas por la cerrazón ideológica de los pastores que por una legislación tímidamente permisiva.

Tanto la Forma ordinaria como la extraordinaria son legítimas y responden a una sola *lex credendi*. Quien celebra en la forma ordinaria no puede negar la validez de la extraordinaria y viceversa.

En la carta que dirigió a los Obispos junto con el motu proprio, el Papa sugiere que ambas Formas del único rito romano pueden enriquecerse mutuamente. A este fenómeno se lo llama "contagio" y ha sucedido en diversas oportunidades en la historia de los ritos.

Vale la pena detenerse aquí para recordar una vez más el mal trato que ha tenido el *novus ordo* por los propios responsables de celebrarlo. El creativismo litúrgico salvaje ha contribuido a su desprestigio. Pero es injusto imputarle a Pablo VI lo que no es su obra sino producto de abusos litúrgicos consentidos y hasta alentados patológicamente. Vaya el fiel a cinco parroquias distintas en su propio país o provincia o estado o municipio o domicilio y le aseguro que celebrarán la Misa según el *novus ordo* de cinco maneras distintas. ¿Era eso lo que quería el Concilio Vaticano II y Pablo VI? Definitivamente, no. Los que defienden ese desorden no tienen cómo probar que el Vaticano II o Pablo VI alentaron la anarquía litúrgica, cuya hija dilecta es la anarquía doctrinaria.

La Forma ordinaria puede enriquecerse de la extraordinaria y ésta de aquélla. Creo, no obstante, que la forma más rica es aquella que lleva en sí una tradición ininterrumpida de siglos y donde brillan sin peligro alguno de oscurecerse o de doble interpretación, los pilares de la verdadera liturgia católica: la adoración a Dios como centro de toda celebración, la función mediadora del sacerdote, la proclamación de Jesucristo presente en Cuerpo y Sangre bajo las especies de pan y vino, sin lugar a ninguna duda o oscurecimiento y, finalmente, el carácter sacrificial de la Santa Misa.

De manera que si bien la influencia será mutua, opinamos que saldrá más favorecida la Forma ordinaria con algunos de los siguientes bienes:

1.Revalorizará su propio Misal atendiendo con exactitud y obediencia las rúbricas e introduciendo creatividad donde la norma litúrgico- canónica lo autorice, como excepción y no como norma directiva. Será el comienzo del fin de la anomia que parece reinar en materia litúrgica. De esta manera, aumentará la conciencia de estar celebrando la liturgia de la Iglesia universal, se afianzará la unidad y se cerrarán las ventanas por donde se filtra la desviación doctrinaria y las ocurrencias teológicas de todo tipo.

2.Ganará en sacralidad y reverencia. El afán secularizador cederá ante el don del misterio propio de la liturgia.

3.Ganará en seriedad, rechazando las vulgaridades que suelen introducirse en las celebraciones. Por ejemplo, las canciones desprovistas de sentido religioso o los gestos meramente profanos asumidos con criterio demagógico.

4.Dios recuperara el sitio que le corresponde: el centro de la celebración. Y ésta el verdadero espíritu de la liturgia: la adoración a Dios.

5.El clima de comunitarismo festivo dará paso al de comunidad que celebra y adora. El desmesurado concepto de cena cederá ante el olvidado concepto de sacrificio. La Misa volverá a ser el sacrificio del Señor que se entrega nuevamente por nosotros. Habrá que pasar nuevamente por el Viernes santo para llegar a la Resurrección. Solo así habrá fiesta y será lícito hablar de fiesta. La misa no es fiesta si no hay Cruz ni Viernes santo.

6.Se tomará conocimiento en algunos casos y conciencia en otros, de que puede celebrarse en latín y *versus orientem* o *versus Deum*. Es más: que estos son los modos en que el Concilio pensó las celebraciones.

"Una primera idea podría ser celebrar versus Deum a partir del Ofertorio, como, además, está previsto en las rúbricas del nuevo misal. En efecto, el misal de Pablo VI indica claramente, en dos oportunidades, que el celebrante debe volverse hacia el pueblo. Una primera vez, en el momento del Orate fratres, y una segunda, cuando el sacerdote dice Ecce Agnus Dei, antes de la Comunión de los fieles. ¿Cuál es el significado de estas indicaciones sino que el

sacerdote debe estar mirando hacia el altar durante el Ofertorio y el Canon? En septiembre de 2000, la Congregación para el Culto Divino y la Disciplina de los Sacramentos publicó la respuesta a una quaesitum acerca de la orientación del sacerdote durante la misa. En ella, se explicaba que "la posición versus populum parece ser la más cómoda en la medida en que torna más fácil la comunicación"; no obstante, precisaba que "suponer que la acción sacrificial debe estar principalmente orientada hacia la comunidad, sería un grave error. Si el sacerdote celebra versus populum, cosa legítima y a menudo aconsejable, su orientación espiritual debe estar siempre dirigida hacia Dios por Jesucristo". Me parece que, hoy, esta respuesta, que defendía la celebración cara al pueblo, podría ser adaptada a la nueva realidad creada por el motu proprio Summorum Pontificum, mediante la recomendación de celebrar hacia el Oriente desde el Ofertorio en adelante."[117]

7.Las celebraciones ganarán en austeridad abandonando los ruidos atronadores de algunas so pretexto de música y el parloteo interminable de otras so pretexto de enseñanza. Así como el ir y venir permanente, el movimiento incesante de algunas celebraciones, con invasión indebida del altar y activismo indecoroso.

8.La comunión volverá a recibirse en la boca, como es ley universal de la Iglesia.

"En cuanto a la comunión, la Santa Sede podría publicar también una recomendación universal para recordar lo que prevé la Presentación General del Misal Romano en su artículo 160: "Los fieles comulguen de rodillas o de pie, según lo que establezca la Conferencia Episcopal. Cuando comulguen de pie, se les recomienda vivamente que, antes de recibir el Sacramento, realicen un gesto de veneración apropiado, que establecerá la Conferencia Episcopal". Notemos que la primera forma de comunión

mencionada por el texto oficial de la Iglesia que comenta el Novus Ordo, es la de rodillas…"[118]

9."Otra posibilidad de enriquecimiento de la liturgia nueva consistiría en que las lecturas de la Sagrada Biblia fueran proclamadas por hombres revestidos con hábitos litúrgicos y, en ningún caso, por mujeres u hombres con ropa civil. Y ello, debido a que las lecturas se hacen en el presbiterio, un lugar reservado, desde la era apostólica, al sacerdote y a los ministros ordenados, incluidos los clérigos con órdenes menores. Sólo en ausencia de estos últimos, un laico varón podría suplir."[119]

Respecto de la influencia de la Forma ordinaria en la extraordinaria podríamos señalar los siguientes bienes:

1.Revalorizará la importancia de la Palabra de Dios y la necesidad de su escucha atenta por el pueblo. La proclamación de ésta será en vernáculo, tal como está previsto en los propios libros litúrgicos.

2.Revalorizará la importancia y la necesidad de la participación activa y fructuosa de los fieles en las celebraciones. A tales fines, deberá desarrollarse una catequesis litúrgica acorde con las características de esta Forma. Pero de ninguna manera podrá obviarse que la participación de los fieles es uno de los objetivos claramente fijados por el Concilio Vaticano II como pilar de la renovación litúrgica promovida. Cuando se celebra la Santa Misa no se participa de ella rezando el Rosario o cumpliendo devociones: se participa de la Misa con respeto y piedad, dejando de lado todo lo demás.

3.Igualmente será necesario recrear el clima comunitario que acompaña a la Forma ordinaria cuando se celebra rectamente. Estimo que no es para nada imposible y será tarea de los ministros impedir que la celebración parezca un trámite antes que un encuentro con Cristo vivo.

4.Según Benedicto XVI en la Carta a los Obispos con motivo de *Summorum Pontificum*:

"(…) en el Misal antiguo se podrán y deberán inserir nuevos santos y algunos de los nuevos prefacios. La Comisión Ecclesia Dei, en contacto con los diversos entes locales dedicados al usus antiquior, estudiara las posibilidades practicas."

Cabe aclarar que, todavía, no se ha producido el resultado de tales trabajos.

Conclusión

En estos tiempos de ecumenismo, no debemos olvidar que tal como señala Monseñor Nicola Bux, "los estudios comparativos demuestran que la liturgia romana en su forma preconciliar era mucho más cercana a la liturgia oriental que la liturgia actual." Es decir, el cultivo de la Forma extraordinaria nos acercara aun más a nuestros hermanos orientales.

La legitimidad de ambas Formas no justifica que nadie menosprecie a una en desmedro de la otra. Lo ideal sería que la Forma extraordinaria se celebre en todo el mundo por lo menos una vez cada domingo en la Catedral. Para empezar sería un buen comienzo. Pero, en realidad, estamos todavía muy lejos de esto.

Apéndice

Carta del Santo Padre Benedicto XVI a los obispos que acompaña la Carta Apostólica motu proprio data *Summorum Pontificum* sobre el uso de la liturgia romana anterior a la reforma efectuada en 1970

Queridos Hermanos en el Episcopado:

Con gran confianza y esperanza pongo en vuestras manos de Pastores el texto de una nueva Carta Apostólica "Motu Proprio data" sobre el uso de la liturgia romana anterior a la reforma efectuada en 1970. El documento es fruto de largas reflexiones, múltiples consultas y de oración.

Noticias y juicios hechos sin información suficiente han creado no poca confusión. Se han dado reacciones muy divergentes, que van desde una aceptación con alegría a una oposición dura, a un proyecto cuyo contenido en realidad no se conocía.

A este documento se contraponían más directamente dos temores, que quisiera afrontar un poco más de cerca en esta carta.

En primer lugar existe el temor de que se menoscabe la Autoridad del Concilio Vaticano II y de que una de sus decisiones esenciales – la reforma litúrgica – se ponga en duda. Este temor es infundado. Al respecto, es necesario afirmar en primer lugar que el Misal, publicado por Pablo VI y reeditado después en dos ediciones sucesivas por Juan Pablo II, obviamente es y permanece la Forma normal – la Forma ordinaria – de la Liturgia Eucarística. La última redacción del *Missale Romanum*, anterior al Concilio, que fue publicada con la autoridad del Papa Juan XXIII en 1962 y utilizada durante el Concilio, podrá, en cambio, ser utilizada como Forma extraordinaria de la Celebración litúrgica. No es apropiado hablar de estas dos redacciones del Misal Romano como si fueran "dos Ritos". Se trata, más bien, de un doble uso del mismo y único Rito.

Por lo que se refiere al uso del Misal de 1962, como Forma extraordinaria de la Liturgia de la Misa, quisiera llamar la atención sobre el hecho de que este Misal no ha sido nunca jurídicamente abrogado y, por consiguiente, en principio, ha quedado siempre permitido. En el momento de la introducción del nuevo Misal, no pareció necesario emitir normas propias para el posible uso del Misal anterior. Probablemente se supuso que se trataría de pocos casos singulares que podrían resolverse, caso por caso, en cada lugar. Después, en cambio, se demostró pronto que no pocos permanecían fuertemente ligados a este uso del Rito romano que, desde la infancia, se les había hecho familiar. Esto sucedió, sobre todo, en los Países en los que el movimiento litúrgico había dado a muchas personas una notable formación litúrgica y una profunda e íntima familiaridad con la Forma anterior de la Celebración litúrgica. Todos sabemos que, en el movimiento guiado por el Arzobispo Lefebvre, la fidelidad al Misal antiguo llegó a ser un signo distintivo externo; pero las razones de la ruptura que de aquí nacía se encontraban más en profundidad. Muchas personas que aceptaban claramente el carácter vinculante del Concilio Vaticano II y que eran fieles al Papa y a los Obispos, deseaban no obstante reencontrar la forma, querida para ellos, de la sagrada Liturgia. Esto sucedió sobre todo porque en muchos lugares no se celebraba de una manera fiel a las prescripciones del nuevo Misal, sino que éste llegó a entenderse como una autorización e incluso como una obligación a la creatividad, lo cual llevó a menudo a deformaciones de la Liturgia al límite de lo soportable. Hablo por experiencia porque he vivido también yo aquel periodo con todas sus expectativas y confusiones. Y he visto hasta qué punto han sido profundamente heridas por las deformaciones arbitrarias de la Liturgia personas que estaban totalmente radicadas en la fe de la Iglesia.

El Papa Juan Pablo II se vio por tanto obligado a ofrecer con el Motu Proprio *Ecclesia Dei* del 2 de julio de 1988, un cuadro normativo para el uso del Misal de 1962, pero que no contenía prescripciones detalladas sino que apelaba, en modo más general, a la generosidad de los Obispos respecto a las "justas aspiraciones" de aquellos fieles que pedían este uso del Rito romano. En aquel momento el Papa quería ayudar de este modo sobre todo a la Fraternidad San Pío X a reencontrar la plena unidad con el Sucesor de Pedro, intentando curar una herida que era sentida cada vez con más dolor. Por desgracia esta reconciliación hasta ahora no se ha logrado; sin embargo una serie de comunidades han utilizado con gratitud las posibilidades de este Motu Proprio. Permanece difícil, en cambio, la cuestión del uso del Misal de 1962 fuera de estos grupos, para los cuales faltaban normas jurídicas precisas, sobre todo porque a menudo los Obispos en estos casos temían que la autoridad del Concilio fuera puesta en duda. Enseguida después del Concilio Vaticano II se podía suponer que la petición del uso del Misal de 1962 se limitaría a la generación más anciana que había crecido con él, pero desde entonces se ha visto claramente que también personas jóvenes descubren esta forma litúrgica, se sienten atraídos por ella y encuentran en la misma una forma, particularmente adecuada para ellos, de encuentro con el Misterio de la Santísima Eucaristía. Así ha surgido la necesidad de un reglamento jurídico más claro que, en tiempos del Motu Proprio de 1988 no era previsible; estas Normas pretenden también liberar a los Obispos de tener que valorar siempre de nuevo cómo responder a las diversas situaciones.

En segundo lugar, en las discusiones sobre el esperado Motu Proprio, se expresó el temor de que una más amplia posibilidad de uso del Misal de 1962 podría llevar a desórdenes e incluso a divisiones en las comunidades parroquiales. Tampoco este temor me parece realmente fundado. El uso del Misal antiguo presupone un cierto nivel de formación litúrgica y un acceso a la lengua latina;

tanto uno como otro no se encuentran tan a menudo. Ya con estos presupuestos concretos se ve claramente que el nuevo Misal permanecerá, ciertamente, la Forma ordinaria del Rito Romano, no sólo por la normativa jurídica sino por la situación real en que se encuentran las comunidades de fieles.

Es verdad que no faltan exageraciones y algunas veces aspectos sociales indebidamente vinculados a la actitud de los fieles que siguen la antigua tradición litúrgica latina. Vuestra caridad y prudencia pastoral serán estímulo y guía para un perfeccionamiento. Por lo demás, las dos Formas del uso del Rito romano pueden enriquecerse mutuamente: en el Misal antiguo se podrán y deberán inserir nuevos santos y algunos de los nuevos prefacios. La Comisión *Ecclesia Dei*, en contacto con los diversos entes locales dedicados al *usus antiquior*, estudiará las posibilidades prácticas. En la celebración de la Misa según el Misal de Pablo VI se podrá manifestar, en un modo más intenso de cuanto se ha hecho a menudo hasta ahora, aquella sacralidad que atrae a muchos hacia el uso antiguo. La garantía más segura para que el Misal de Pablo VI pueda unir a las comunidades parroquiales y sea amado por ellas consiste en celebrar con gran reverencia de acuerdo con las prescripciones; esto hace visible la riqueza espiritual y la profundidad teológica de este Misal.

De este modo he llegado a la razón positiva que me ha motivado a poner al día mediante este Motu Proprio el de 1988. Se trata de llegar a una reconciliación interna en el seno de la Iglesia. Mirando al pasado, a las divisiones que a lo largo de los siglos han desgarrado el Cuerpo de Cristo, se tiene continuamente la impresión de que en momentos críticos en los que la división estaba naciendo, no se ha hecho lo suficiente por parte de los responsables de la Iglesia para conservar o conquistar la reconciliación y la unidad; se tiene la impresión de que las omisiones de la Iglesia han tenido su parte de culpa en el hecho de que estas divisiones hayan podido consolidarse. Esta mirada al pasado nos impone hoy una obligación: hacer todos los esfuerzos para que a todos aquellos que tienen verdaderamente el deseo de la unidad se les haga posible permanecer en esta unidad o reencontrarla de nuevo. Me viene a la mente una frase de la segunda carta a los Corintios donde Pablo escribe: "Corintios, os hemos hablado con toda franqueza; nuestro corazón se ha abierto de par en par. No está cerrado nuestro corazón para vosotros; los vuestros sí que lo están para nosotros. Correspondednos;... abríos también vosotros" (2 Cor 6,11-13). Pablo lo dice ciertamente en otro contexto, pero su invitación puede y debe tocarnos a nosotros, justamente en este tema. Abramos generosamente nuestro corazón y dejemos entrar todo a lo que la fe misma ofrece espacio.

No hay ninguna contradicción entre una y otra edición del *Missale Romanum.* En la historia de la Liturgia hay crecimiento y progreso pero ninguna ruptura. Lo que para las generaciones anteriores era sagrado, también para nosotros permanece sagrado y grande y no puede ser improvisamente totalmente prohibido o incluso perjudicial. Nos hace bien a todos conservar las riquezas que han crecido en la fe y en la oración de la Iglesia y de darles el justo puesto. Obviamente para vivir la plena comunión tampoco los sacerdotes de las Comunidades que siguen el uso antiguo pueden, en principio, excluir la celebración según los libros nuevos. En efecto, no sería coherente con el reconocimiento del valor y de la santidad del nuevo rito la exclusión total del mismo.

En conclusión, queridos Hermanos, quiero de todo corazón subrayar que estas nuevas normas no disminuyen de ningún modo vuestra autoridad y responsabilidad ni sobre la liturgia, ni sobre la pastoral de vuestros fieles. Cada Obispo, en efecto es el moderador de la liturgia en la propia diócesis (cfr. Sacrosanctum Concilium n° 22: *Sacrae Liturgiae moderatio ab Ecclessiae auctoritate unice pendet quae quidem est apud Apostolicam Sedem et, ad normam iuris, apud Episcoporum*).

Por tanto, no se quita nada a la autoridad del Obispo cuyo papel será siempre el de vigilar para que todo se desarrolle con paz y serenidad. Si surgiera algún problema que el párroco no pueda resolver, el Ordinario local podrá siempre intervenir, pero en total armonía con cuanto establecido por las nuevas normas del Motu Proprio.

Además os invito, queridos Hermanos, a escribir a la Santa Sede un informe sobre vuestras experiencias tres años después de que entre en vigor este Motu Proprio. Si vinieran a la luz dificultades serias se buscarían vías para encontrar el remedio.

Queridos Hermanos, con ánimo agradecido y confiado, confío a vuestro corazón de Pastores estas páginas y las normas del Motu Proprio. Recordemos siempre las palabras que el Apóstol Pablo dirigió a los presbíteros de Éfeso "Tened cuidado de vosotros y de toda la grey, en medio de la cual os ha puesto el Espíritu Santo como vigilantes para pastorear la Iglesia de Dios, que él se adquirió con la sangre de su propio Hijo" (Hechos 20,28).

Confío a la potente intercesión de María, Madre de la Iglesia, estas nuevas normas e imparto de corazón mi Bendición Apostólica a Vosotros, queridos Hermanos, a los párrocos de vuestras diócesis y a todos los sacerdotes, vuestros colaboradores, así como a todos vuestros fieles.

Dado en San Pedro, el 7 de Julio 2007.

BENEDICTUS PP. XVI

Carta Apostólica en forma de motu proprio *Summorum Pontificum* del Sumo Pontífice Benedicto XVI

Los sumos pontífices se han preocupado constantemente hasta nuestros días de que la Iglesia de Cristo ofreciese a la Divina Majestad un culto digno de "alabanza y gloria de su nombre" y "para el bien de toda su Santa Iglesia".

Desde tiempo inmemorial, y también para el futuro, es necesario mantener el principio según el cual, "cada Iglesia particular debe concordar con la Iglesia Universal, no sólo en cuanto a la doctrina de la fe y los signos sacramentales sino también en cuanto a los usos universales aceptados por la tradición apostólica y continua. Éstos han de observarse no sólo para evitar errores, sino también para transmitir la integridad de la fe y para que la ley de la oración de la Iglesia se corresponda a su ley de la fe" (Ordenación General del Misal Romano, 3ª ed. 2002, n. 397).

Entre los pontífices que tuvieron esa preocupación resalta el nombre de San Gregorio Magno, que hizo todo lo posible para que se transmitiera a los nuevos pueblos de Europa tanto la fe católica como los tesoros del culto y de la cultura acumulados por los romanos en los siglos precedentes. Ordenó que fuera definida y conservada la forma de la Sagrada Liturgia relativa tanto al Sacrificio de la Misa como al Oficio Divino, en el modo en que se celebraba en la Urbe. Promovió con la máxima atención la difusión de los monjes y monjas que, actuando según la regla de San Benito, siempre junto al anuncio del Evangelio, ejemplificaron con su vida la saludable máxima de la Regla: "Nada se anteponga a la obra de Dios" (cap. 43). De esa forma, la Sagrada Liturgia, celebrada según el uso romano, no solamente enriqueció la fe y la piedad, sino también la cultura de muchas poblaciones. Consta efectivamente que la liturgia latina de la Iglesia en sus varias formas, en todos los siglos de la era cristiana, ha impulsado en la vida espiritual a numerosos santos y ha reforzado a tantos pueblos en la virtud de la religión y ha fecundado su piedad.

En el transcurso de los siglos, muchos otros pontífices romanos han mostrado una particular solicitud para que la Sagrada Liturgia manifestara de la forma más eficaz esta tarea. Entre ellos destaca san Pío V, que animado por gran celo pastoral tras la exhortación de Concilio de Trento, renovó todo el culto de la Iglesia, revisó la edición de los libros litúrgicos enmendados y, "renovados según la norma de los Padres", los puso en uso en la Iglesia Latina.

Entre los libros litúrgicos del rito romano, resalta el Misal Romano, que tuvo su desarrollo en la ciudad de Roma, y que, poco a poco, con el transcurso de los siglos, tomó formas que tienen gran semejanza con las vigentes en tiempos más recientes.

"Este mismo objetivo fue perseguido por los Romanos Pontífices a lo largo de los siglos siguientes, asegurando la puesta al día, definiendo los ritos y los libros litúrgicos, y emprendiendo, desde el comienzo de este siglo, una reforma más general" (Juan Pablo II, Carta. ap. *Vicesimus quintus annus*, 4 diciembre 1988, 3: AAS 81 (1989), 899). Así actuaron nuestros predecesores Clemente VIII, Urbano VIII, san Pío X, (Ibid) Benedicto XV, Pío XII y el beato Juan XXIII.

En tiempos recientes, el Concilio Vaticano II expresó el deseo de que la debida y respetuosa reverencia respecto al culto divino se renovase de nuevo y se adaptase a las necesidades de nuestra época. Movido por este deseo, nuestro predecesor, el Sumo Pontífice Pablo VI, aprobó en 1970 para la Iglesia latina los libros litúrgicos reformados, y en parte renovados. Éstos, traducidos a las diversas lenguas del mundo, fueron acogidos de buen grado por los obispos, sacerdotes y fieles. Juan Pablo II revisó la tercera edición típica del Misal Romano. Así, los Romanos Pontífices se han ocupado de que "esta especie de edificio litúrgico (...) apareciese nuevamente esplendoroso por dignidad y armonía" (San Pío X, Carta. ap. en forma de Motu proprio *Abhinc duos annos*, 23 octubre 1913: AAS 5 (1913), 449-450; cf. Juan Pablo II, Carta. ap. *Vicesimus quintus annus*, 3: AAS 81 (1989), 899).

En algunas regiones, sin embargo, no pocos fieles adhirieron y siguen adhiriéndose con mucho amor y afecto a las anteriores formas litúrgicas, que habían impregnado su cultura y su espíritu de manera tan profunda, que el Sumo Pontífice Juan Pablo II, movido por la preocupación pastoral respecto a estos fieles, en el año 1984, con el indulto especial *Quattuor abhinc annos*, emitido por la Congregación para el Culto Divino, concedió la facultad de usar el Misal Romano editado por el beato Juan XXIII en el año 1962; más tarde, en el año 1988, con la Carta Apóstolica *Ecclesia Dei*, dada en forma de Motu Proprio, Juan Pablo II exhortó a los obispos a utilizar amplia y generosamente esta facultad en favor de todos los fieles que lo solicitasen.

Después de la consideración por parte de nuestro predecesor Juan Pablo II de las insistentes peticiones de estos fieles, tras haber escuchado a los Padres Cardenales en el consistorio del 22 de marzo de 2006, y haber reflexionado profundamente sobre cada uno de los aspectos de la cuestión, invocando al Espíritu Santo y contando con la ayuda de Dios, con las presente Carta Apostólica establecemos lo siguiente:

Art. 1.-El Misal Romano promulgado por Pablo VI es la expresión ordinaria de la *"Lex orandi"* ("Ley de la oración"), de la Iglesia católica de rito latino. No obstante, el Misal Romano promulgado por san Pío V, y nuevamente por el beato Juan XXIII, debe considerarse como expresión extraordinaria de la misma *"Lex orandi"* y gozar del respeto debido por su uso venerable y antiguo. Estas dos expresiones de la *"Lex orandi"* de la Iglesia en modo alguno inducen a una división de la *"Lex credendi"* ("Ley de la fe") de la Iglesia; en efecto, son dos usos del único rito romano.

Por eso es lícito celebrar el Sacrificio de la Misa según la edición típica del Misal Romano promulgado por el beato Juan XXIII en 1962, que nunca se ha abrogado, como forma extraordinaria de la Liturgia de la Iglesia. Las condiciones para el uso de este misal establecidas en los documentos anteriores *Quattuor abhinc annos»* y *Ecclesia Dei*, se sustituirán como se establece a continuación:

Art. 2.-En las Misas celebradas sin el pueblo, todo sacerdote católico de rito latino, tanto secular como religioso, puede utilizar tanto el Misal Romano editado por el beato Papa Juan XXIII en 1962 como el Misal Romano promulgado por el Papa Pablo VI en 1970, en cualquier día, exceptuado el Triduo Sacro. Para dicha celebración, siguiendo uno u otro misal, el sacerdote no necesita permiso alguno, ni de la Sede Apostólica ni de su Ordinario.

Art. 3.-Las comunidades de los Institutos de vida consagrada y de las Sociedades de vida apostólica, tanto de derecho pontificio como diocesano, que deseen celebrar la Santa Misa según la edición del Misal Romano promulgado en 1962 en la celebración conventual o "comunitaria" en sus oratorios propios, pueden hacerlo. Si una sola comunidad o un entero Instituto o Sociedad quiere llevar a cabo dichas celebraciones a menudo o habitualmente o permanentemente, la decisión compete a los Superiores mayores según las normas del derecho y según las reglas y los estatutos particulares.

Art 4.-A la celebración de la Santa Misa, a la que se refiere el artículo 2, también pueden ser admitidos —observadas las normas del derecho— los fieles que lo pidan voluntariamente.

Art.5.
§1.En las parroquias donde haya un grupo estable de fieles adherentes a la precedente tradición litúrgica, el párroco acogerá de buen grado su petición de celebrar la Santa Misa según el rito

del Misal Romano editado en 1962. Debe procurar que el bien de estos fieles se armonice con la atención pastoral ordinaria de la parroquia, bajo la guía del obispo como establece el can. 392, evitando la discordia y favoreciendo la unidad de toda la Iglesia.

§2.La celebración según el Misal del beato Juan XXIII puede tener lugar en día ferial; los domingos y las festividades puede haber también una celebración de ese tipo.

§3.El párroco permita también a los fieles y sacerdotes que lo soliciten la celebración en esta forma extraordinaria en circunstancias particulares, como matrimonios, exequias o celebraciones ocasionales, como por ejemplo las peregrinaciones.

§4.Los sacerdotes que utilicen el Misal del beato Juan XXIII deben ser idóneos y no tener ningún impedimento jurídico.

§5.En las iglesias que no son parroquiales ni conventuales, es competencia del Rector conceder la licencia más arriba citada.

Art.6.En las misas celebradas con el pueblo según el Misal del beato Juan XXIII, las lecturas pueden ser proclamadas también en lengua vernácula, usando ediciones reconocidas por la Sede Apostólica.

Art.7.Si un grupo de fieles laicos, como los citados en el art. 5, §1, no ha obtenido satisfacción a sus peticiones por parte del párroco, informe al obispo diocesano. Se invita vivamente al obispo a satisfacer su deseo. Si no puede proveer a esta celebración, el asunto se remita a la Pontificia Comisión *Eclesia Dei*.

Art. 8.El obispo, que desea responder a estas peticiones de los fieles laicos, pero que por diferentes causas no puede hacerlo, puede indicarlo a la Comisión *Eclesia Dei* para que le aconseje y le ayude.

Art. 9.

§1.El párroco, tras haber considerado todo atentamente, puede conceder la licencia para usar el ritual precedente en la administración de los sacramentos del Bautismo, del Matrimonio, de la Penitencia y de la Unción de Enfermos, si lo requiere el bien de las almas.

§2.A los ordinarios se concede la facultad de celebrar el sacramento de la Confirmación usando el precedente Pontifical Romano, siempre que lo requiera el bien de las almas.

§3.A los clérigos constituidos *in sacris* es lícito usar el Breviario Romano promulgado por el Beato Juan XXIII en 1962.

Art.10.El ordinario del lugar, si lo considera oportuno, puede erigir una parroquia personal según la norma del canon 518 para las celebraciones con la forma antigua del rito romano, o nombrar un capellán, observadas las normas del derecho.

Art.11.La Pontificia Comisión *Eclesia Dei* erigida por Juan Pablo II en 1988, sigue ejerciendo su misión (Cf. Juan Pablo II, Lett. ap. en forma de Motu proprio *Ecclesia Dei*, 2 julio 1988, 6: AAS 80 (1988), 1498). Esta Comisión debe tener la forma, y cumplir las tareas y las normas que el Romano Pontífice quiera atribuirle.

Art.12.La misma Comisión, además de las facultades de las que ya goza, ejercerá la autoridad de la Santa Sede vigilando sobre la observancia y aplicación de estas disposiciones.

Todo cuanto hemos establecido con esta Carta Apostólica en forma de Motu Proprio, ordenamos que se considere "establecido y decretado" y que se observe desde el 14 de septiembre de este año, fiesta de la Exaltación de la Santa Cruz, sin que obste nada en contrario.

Dado en Roma, en San Pedro, el 7 de julio de 2007, tercer año de mi Pontificado.

BENEDICTUS PP. XV

Nota explicativa sobre la Instrucción *Universae Ecclesiae*

La Pontificia Comisión *Ecclesia Dei* da a conocer la Instrucción sobre la aplicación de la carta apostólica motu proprio data *Summorum Pontificum* de Su Santidad Benedicto XVI.

Con el motu proprio *Summorum Pontificum*, del 7 de julio de 2007, que entró en vigor el 14 de septiembre de ese mismo año (AAS 99 [2007] 777-781), el Santo Padre promulgó una ley universal para la Iglesia con el fin de reglamentar el uso de la Liturgia romana en vigor en el año 1962, ilustrando de forma autorizada las razones de su decisión en la Carta a los obispos que acompañaba la publicación del motu proprio sobre el uso de la Liturgia romana anterior a la Reforma efectuada en el año 1970 (AAS 99 [2007] 795-799).

En dicha Carta el Santo Padre pidió a los hermanos en el episcopado que enviaran a la Santa Sede un informe tres años después de la entrada en vigor del motu proprio (cf. par. n. 11). Teniendo en cuenta las observaciones de los pastores de la Iglesia de todo el mundo, y habiendo recogido preguntas de clarificación y peticiones de indicaciones específicas, se publica ahora la siguiente Instrucción, que comienza con las palabras latinas: *Universae Ecclesiae*. La Instrucción fue aprobada por el propio Pontífice en la audiencia concedida al cardenal presidente el 8 de abril de 2011, y lleva la fecha del 30 de abril de 2011, memoria litúrgica de San Pío v, Papa.

En el texto de la Instrucción, después de algunas observaciones introductorias y de tipo histórico (Parte I, nn. 1-8), se explicitan ante todo las tareas de la Pontificia Comisión *Ecclesia Dei* (Parte II, nn. 9-11), estableciendo a continuación, de acuerdo con lo indicado en el motu proprio pontificio, algunas normas y disposiciones específicas (Parte III, nn. 12-35), ante todo las relativas a la competencia propia del obispo diocesano (nn. 13-14). Luego se ilustran los derechos y deberes de los fieles que componen un *coetus fidelium* interesado (nn. 15-19), así como del sacerdote considerado idóneo para celebrar la forma extraordinaria del Rito romano (*sacerdos idoneus*, nn. 20-23). Se regulan algunas cuestiones relativas a la disciplina litúrgica y eclesiástica (nn. 24-28), especificando en particular las normas relativas a la celebración de la Confirmación y del Orden sagrado (nn. 29-31), al uso del *Breviarium Romanum* (n. 32), de los libros litúrgicos propios de las Órdenes religiosas (n. 34), del *Pontificale Romanum* y del *Rituale Romanum* (n. 35), que estaban en vigor en el año 1962, así como a la celebración del Triduo pascual (n. 33).

La Pontificia Comisión *Ecclesia Dei* alberga la viva esperanza de que la observancia de las normas y disposiciones de la Instrucción, que regulan el *usus antiquior* del Rito Romano y se encomiendan a la caridad pastoral y a la prudente vigilancia de los pastores de la Iglesia, contribuya, como estímulo y guía, a la reconciliación y a la unidad, de acuerdo con el deseo expresado por el Santo Padre (cf. Carta a los Obispos del 7 de julio de 2007, par. 7-8).

Instrucción sobre la aplicación de la carta apostólica motu proprio data *Summorum Pontificum* de Su Santidad Benedicto XVI

I.
Introducción

1.La carta apostólica motu proprio data *Summorum Pontificum* del Sumo Pontífice Benedicto XVI, del 7 de julio de 2007, que entró en vigor el 14 de septiembre de 2007, ha hecho más accesible a la Iglesia universal la riqueza de la Liturgia romana.

2.Con tal motu proprio el Sumo Pontífice Benedicto XVI ha promulgado una ley universal para la Iglesia, con la intención de dar una nueva reglamentación para el uso de la Liturgia romana vigente en 1962.

3.El Santo Padre, después de haber recordado la solicitud que los Sumos Pontífices han demostrado en el cuidado de la Sagrada Liturgia y la aprobación de los libros litúrgicos, reafirma el principio tradicional, reconocido desde tiempo inmemorial, y que se ha de conservar en el porvenir, según el cual "cada Iglesia particular debe concordar con la Iglesia universal, no solo en cuanto a la doctrina de la fe y a los signos sacramentales, sino también respecto a los usos universalmente aceptados de la ininterrumpida tradición apostólica, que deben observarse no solo para evitar errores, sino también para transmitir la integridad de la fe, para que la ley de la oración de la Iglesia corresponda a su ley de fe" (Benedicto XVI, Carta apostólica motu proprio data *Summorum Pontificum*, I, en AAS 99 (2007) 777; cf. Instrucción general del Misal Romano, tercera edición, 2002, n. 397).

4.El Santo Padre ha hecho memoria, además, de los Romanos Pontífices que, de modo particular, se han comprometido en esta tarea, especialmente de san Gregorio Magno y san Pío v. El Papa subraya asimismo que, entre los sagrados libros litúrgicos, el *Missale Romanum* ha tenido un relieve histórico particular, y a lo largo de los años ha sido objeto de distintas actualizaciones hasta el pontificado del beato Juan XXIII. Con la reforma litúrgica que siguió al concilio Vaticano II, en 1970 el Papa Pablo VI aprobó un nuevo Misal para la Iglesia de rito latino, traducido posteriormente en distintas lenguas. En el año 2000 el Papa Juan Pablo II promulgó la tercera edición del mismo.

5.Muchos fieles, formados en el espíritu de las formas litúrgicas anteriores al concilio Vaticano II, han expresado el vivo deseo de conservar la tradición antigua. Por este motivo, el Papa Juan Pablo II, con el indulto especial *Quattuor abhinc annos*, emanado en 1984 por la Sagrada Congregación para el culto divino, concedió, bajo determinadas condiciones, la facultad de volver a usar el Misal Romano promulgado por el beato Juan XXIII. Además, Juan Pablo II, con el motu proprio *Ecclesia Dei*, de 1988, exhortó a los obispos a que fueran generosos en conceder dicha facultad a todos los fieles que la pidieran. El Papa Benedicto XVI ha seguido la misma línea a través del motu proprio *Summorum Pontificum*, en el cual se indican algunos criterios esenciales para el *usus antiquior* del Rito Romano, que conviene recordar aquí.

6.Los textos del Misal Romano del Papa Pablo VI y del Misal que se remonta a la última edición del Papa Juan XXIII, son dos formas de la Liturgia romana, definidas respectivamente ordinaria y extraordinaria: son dos usos del único Rito romano, que se colocan uno al lado del otro. Ambas formas son expresión de la misma *lex orandi* de la Iglesia. Por su uso venerable y antiguo, la forma extraordinaria debe conservarse con el honor debido.

7.El motu proprio *Summorum Pontificum* está acompañado por una carta del Santo Padre a los obispos, que lleva la misma fecha del motu proprio (7 de julio de 2007). Con ella se ofrecen ulteriores aclaraciones sobre la oportunidad y necesidad del mismo motu proprio; es decir, se trataba de colmar una laguna, dando una nueva normativa para el uso de la Liturgia romana vigente en 1962. Tal normativa se hacía especialmente necesaria por el hecho de que, en el momento de la introducción del nuevo Misal, no pareció necesario emanar disposiciones que reglamentaran el uso de la Liturgia vigente desde 1962. Debido al aumento de los que piden poder usar la forma extraordinaria, se ha hecho necesario dar algunas normas al respecto. Entre otras cosas el Papa Benedicto XVI afirma: "No hay ninguna contradicción entre una y otra edición del Missale Romanum. En la historia de la Liturgia hay crecimiento y progreso pero ninguna ruptura. Lo que para las generaciones anteriores era sagrado, también para nosotros permanece sagrado y grande y no puede ser de improviso totalmente prohibido o incluso perjudicial" (Benedicto XVI, Carta a los obispos que acompaña la Carta apostólica motu proprio data *Summorum Pontificum* sobre el uso de la Liturgia romana anterior a la reforma efectuada en 1970, en AAS 99 (2007) 7982).

8.El motu proprio *Summorum Pontificum* constituye una relevante expresión del magisterio del Romano Pontífice y del *munus* que le es propio, es decir, regular y ordenar la Sagrada Liturgia de la Iglesia (Cf. Código de derecho canónico, can. 838 § 1 y § 2), y manifiesta su preocupación como Vicario de Cristo y Pastor de la Iglesia universal (Cf. Código de derecho canónico, can 331). El documento tiene como objetivo:

a)ofrecer a todos los fieles la Liturgia romana en el *usus antiquior*, considerada como un tesoro precioso que hay que conservar;

b)garantizar y asegurar realmente el uso de la forma extraordinaria a quienes lo pidan, considerando que el uso la Liturgia romana que entró en vigor en 1962 es una facultad concedida para el bien de los fieles y, por lo tanto, debe interpretarse en sentido favorable a los fieles, que son sus principales destinatarios;

c)favorecer la reconciliación en el seno de la Iglesia.

II.
Tareas de la Pontificia Comisión *Ecclesia Dei*

9.El Sumo Pontífice ha conferido a la Pontificia Comisión *Ecclesia Dei* potestad ordinaria vicaria para la materia de su competencia, especialmente para supervisar la observancia y aplicación de las disposiciones del motu proprio *Summorum Pontificum* (cf. art. 12).

10.
§1.La Pontificia Comisión ejerce tal potestad a través de las facultades precedentemente concedidas por el Papa Juan Pablo II y confirmadas por el Papa Benedicto XVI (cf. motu proprio *Summorum Pontificum*, art. 11-12), y también a través del poder de decidir sobre los recursos que legítimamente se le presenten, como superior jerárquico, contra una eventual medida administrativa del Ordinario que parezca contraria al motu proprio.

§2.Los decretos con los que la Pontificia Comisión decide sobre los recursos podrán ser impugnados *ad normam iuris* ante el Tribunal supremo de la Signatura apostólica.

11.Compete a la Pontificia Comisión *Ecclesia Dei*, previa aprobación de la Congregación para el culto divino y la disciplina de los sacramentos, la tarea de ocuparse de la eventual edición de los textos litúrgicos relacionados con la forma extraordinaria del Rito romano.

III.

Normas específicas

12. Esta Pontificia Comisión, en virtud de la autoridad que le ha sido atribuida y de las facultades de las que goza, después de la consulta realizada entre los obispos de todo el mundo, para garantizar la correcta interpretación y la recta aplicación del motu proprio *Summorum Pontificum*, emana la siguiente Instrucción, a tenor del can. 34 del Código de derecho canónico.

La competencia de los obispos diocesanos

13. Los obispos diocesanos, según el Código de derecho canónico, deben vigilar en materia litúrgica en atención al bien común y para que todo se desarrolle dignamente, en paz y serenidad en sus diócesis (Código Cf. de derecho canónico, cann. 223 § 2; 838 § 1 y § 4), de acuerdo siempre con la *mens* del Romano Pontífice, claramente expresada en el motu proprio *Summorum Pontificum* (Cf. Benedicto XVI, Carta a los obispos que acompaña la Carta apostólica motu proprio data *Summorum Pontificum* sobre el uso de la Liturgia romana anterior a la reforma efectuada en 1970, en AAS 99 (2007) 799). En caso de controversias o dudas fundadas acerca de la celebración en la forma extraordinaria, decidirá la Pontificia Comisión *Ecclesia Dei*.

14. Es tarea del obispo diocesano adoptar las medidas necesarias para garantizar el respeto de la forma extraordinaria del Rito Romano, a tenor del motu proprio *Summorum Pontificum coetus fidelium* (cf. motu proprio *Summorum Pontificum*, art.5 §1)

El *coetus fidelium* (cf. motu proprio *Summorum Pontificum* art. 5 §1)

15. Un *coetus fidelium* se puede definir *stabiliter existens*, a tenor del art. 5 §1 del motu proprio *Summorum Pontificum*, cuando esté constituido por algunas personas de una determinada parroquia que, incluso después de la publicación del motu proprio, se hayan

unido a causa de la veneración por la Liturgia según el *usus antiquior*, las cuales solicitan que ésta se celebre en la iglesia parroquial o en un oratorio o capilla; tal *coetus* puede estar también compuesto por personas que provengan de diferentes parroquias o diócesis y que, para tal fin, se reúnan en una determinada parroquia o en un oratorio o capilla.

16.En caso de que un sacerdote se presente ocasionalmente con algunas personas en una iglesia parroquial o en un oratorio, con la intención de celebrar según la forma extraordinaria, como está previsto en los art. 2 y 4 del motu proprio *Summorum Pontificum*, el párroco o el rector de una iglesia o el sacerdote responsable admitan tal celebración, respetando las exigencias de horarios de las celebraciones litúrgicas de la misma iglesia.

17.
§1.Con el fin de decidir en cada caso, el párroco, el rector o el sacerdote responsable de una iglesia se comportará según su prudencia, dejándose guiar por el celo pastoral y un espíritu de generosa hospitalidad.

§2.En los casos de grupos numéricamente menos consistentes, habrá que dirigirse al Ordinario del lugar para encontrar una iglesia en la que dichos fieles puedan reunirse para asistir a tales celebraciones y garantizar así una participación más fácil y una celebración más digna de la Santa Misa.

18.También en los santuarios y lugares de peregrinación se ofrezca la posibilidad de celebrar en la forma extraordinaria a los grupos de peregrinos que lo requieran (cf. motu proprio *Summorum Pontificum*, art. 5 §3), si hay un sacerdote idóneo.

19.Los fieles que piden la celebración en la forma extraordinaria no deben sostener o pertenecer de ninguna manera a grupos que se manifiesten contrarios a la validez o legitimidad de la santa misa o de los sacramentos celebrados en la forma ordinaria o al Romano Pontífice como Pastor supremo de la Iglesia universal.

El *sacerdos idoneus* (cf. motu proprio *Summorum Pontificum*, art. 5 §4)

20.Sobre los requisitos necesarios para que un sacerdote sea considerado idóneo para celebrar en la forma extraordinaria, se establece cuanto sigue:

a)cualquier sacerdote que no esté impedido a tenor del Derecho Canónico se considera sacerdote idóneo para celebrar la santa misa en la forma extraordinaria (Cf. Código de derecho canónico, can. 900 § 2);

b)en relación al uso de la lengua latina, es necesario un conocimiento suficiente que permita pronunciar correctamente las palabras y entender su significado;

c)en lo que respecta al conocimiento del desarrollo del rito, se presumen idóneos los sacerdotes que se presenten espontáneamente para celebrar en la forma extraordinaria y la hayan usado anteriormente.

21.Se exhorta a los Ordinarios a que ofrezcan al clero la posibilidad de adquirir una preparación adecuada para las celebraciones en la forma extraordinaria. Esto vale también para los seminarios, donde se deberá proveer a que los futuros sacerdotes tengan una formación conveniente en el estudio del latín (Cf. Código de derecho canónico, can. 249; cf. concilio Vaticano II, constitución *Sacrosanctum Concilium*, n. 36; declaración *Optatam totius*, n. 13) y, según las exigencias pastorales, ofrecer la oportunidad de aprender la forma extraordinaria del rito.

22.En las diócesis donde no haya sacerdotes idóneos, los obispos diocesanos pueden solicitar la colaboración de los sacerdotes de los institutos erigidos por la Pontificia Comisión *Ecclesia Dei* o de quienes conozcan la forma extraordinaria del rito, tanto para su celebración como para su eventual aprendizaje.

23.La facultad para celebrar la misa *sine populo* (o con la participación del solo ministro) en la forma extraordinaria del Rito Romano es concedida por el motu proprio a todos los sacerdotes diocesanos y religiosos (cf. motu proprio *Summorum Pontificum*, art. 2). Por lo tanto, en tales celebraciones, los sacerdotes, en conformidad con el motu proprio *Summorum Pontificum*, no necesitan ningún permiso especial de sus Ordinarios o superiores. La disciplina litúrgica y eclesiástica

24.Los libros litúrgicos de la forma extraordinaria han de usarse tal como son. Todos aquellos que deseen celebrar según la forma extraordinaria del Rito Romano deben conocer las correspondientes rúbricas y están obligados a observarlas correctamente en las celebraciones.

25.En el Misal de 1962 se podrán y deberán insertar nuevos santos y algunos de los nuevos prefacios (Cf. Benedicto XVI, Carta a los obispos que acompaña la Carta apostólica motu proprio data *Summorum Pontificum* sobre el uso de la Liturgia romana anterior a la reforma efectuada en 1970, en AAS 99 (2007) 797), según la normativa que se indicará más adelante.

26.Como prevé el art. 6 del motu proprio *Summorum Pontificum*, se precisa que las lecturas de la santa misa del Misal de 1962 pueden ser proclamadas exclusivamente en lengua latina, o bien en lengua latina seguida de la traducción en lengua vernácula o, en las misas leídas, también sólo en lengua vernácula.

27.Con respecto a las normas disciplinarias relativas a la celebración, se aplica la disciplina eclesiástica contenida en el Código de derecho canónico de 1983.

28.Además, en virtud de su carácter de ley especial, dentro de su ámbito propio, el motu proprio *Summorum Pontificum* deroga aquellas medidas legislativas inherentes a los ritos sagrados, promulgadas a partir de 1962, que sean incompatibles con las rúbricas de los libros litúrgicos vigentes en 1962.

Confirmación y Orden sagrado

29.La concesión de utilizar la antigua fórmula para el rito de la Confirmación fue confirmada por el motu proprio *Summorum Pontificum* (cf. art. 9 § 2). Por lo tanto, no es necesario utilizar para la forma extraordinaria la fórmula renovada del Ritual de la Confirmación promulgado por el Papa Pablo VI.

30.Con respecto a la tonsura, órdenes menores y subdiaconado, el motu proprio *Summorum Pontificum* no introduce ningún cambio en la disciplina del Código de derecho canónico de 1983; por lo tanto, en los institutos de vida consagrada y en las sociedades de vida apostólica que dependen de la Pontificia Comisión *Ecclesia Dei*, el profeso con votos perpetuos en un instituto religioso o incorporado definitivamente a una sociedad clerical de vida apostólica, al recibir el diaconado queda incardinado como clérigo en ese instituto o sociedad (cf. can. 266 § 2 delCódigo de derecho canónico).

31.Sólo en los institutos de vida consagrada y en las sociedades de vida apostólica que dependen de la Pontificia Comisión *Ecclesia Dei* y en aquellos donde se mantiene el uso de los libros litúrgicos de la forma extraordinaria se permite el uso del *Pontificale Romanum* de 1962 para conferir las órdenes menores y mayores.

Breviarium Romanum

32.Se concede a los clérigos la facultad de usar el *Breviarium Romanum* en vigor en 1962, según el art. 9 § 3 del motu proprio *Summorum Pontificum*. El mismo se recita integralmente en lengua latina.

El Triduo pascual

33.El *coetus fidelium* que sigue la tradición litúrgica anterior, si hubiese un sacerdote idóneo, puede celebrar también el Triduo pascual en la forma extraordinaria. Donde no haya una iglesia u oratorio previstos exclusivamente para estas celebraciones, el párroco o el Ordinario, de acuerdo con el sacerdote idóneo, dispongan para ellas las modalidades más favorables, sin excluir la posibilidad de una repetición de las celebraciones del Triduo pascual en la misma iglesia.

Los Ritos de las Órdenes religiosas

34.Se permite el uso de los libros litúrgicos propios de las Órdenes religiosas vigente en 1962.

Pontificale Romanum y *Rituale Romanum*

35.Se permite el uso del *Pontificale Romanum* y *del Rituale Romanum,* así como del *Caeremoniale Episcoporum* vigente en 1962, a tenor del n. 28 de esta Instrucción, quedando en vigor lo dispuesto en el n. 31 de la misma.

El Sumo Pontífice Benedicto XVI, en la audiencia del día 8 de abril de 2011, concedida al suscrito cardenal presidente de la Pontificia Comisión *Ecclesia Dei*, ha aprobado la presente Instrucción y ha ordenado su publicación.

Dado en Roma, en la sede de la Pontificia Comisión Ecclesia Dei, el 30 de abril de 2011, memoria de san Pío V.

William Cardenal Levada
Presidente
Monseñor Guido Pozzo
Secretario

Abreviaturas

- ✓ BAC: Biblioteca de autores cristianos
- ✓ can.: Canon
- ✓ CAT: Catecismo de la Iglesia Católica
- ✓ CIC: Código de Derecho Canónico
- ✓ EE: *Ecclesia de Eucharistia*
- ✓ LOR: L´Osservatore Romano
- ✓ MD: *Mediator Dei*
- ✓ RS: Instrucción *Redemptionis Sacramentum*
- ✓ SC: *Sacrosanctum Concilium*
- ✓ SP: *Summorum Pontificum*

Notas

[1] Término utilizado por el Cardenal Ratzinger en una Carta del 18 de febrero de 1999 enviada como respuesta al Padre Matías Auge cmf. Ver nota 91

[2] THE EUROPEAN. Entrevista realizada al famoso escrito en abril de 2010.

[3] Cf. MD 29. SC 7.

[4] CAT 218. SC 7.

[5] BENEDICTO XVI. Mensaje del 4 de noviembre de 2010 dirigido a los obispos italianos reunidos en Asamblea General del 8 al 11 de noviembre de 2010.

[6] CIC can. 834 §2.

[7] CIC can. 838 §1.

[8] CAT 1071. CIC can. 837 §1.

[9] SC 9.

[10] CAT 1072.

[11] JUAN PABLO II. EE 48.

[12] SC 10.

[13] JUAN PABLO II. *Carta Apostólica Vicesimus Quintus Annus* 22.

[14] CAT 1074.

[15] JUAN PABLO II. *Carta Apostólica Vicesimus Quintus Annus* 6.

[16] CAT 1073.

[17] CAT 1069.

[18] MD 5.

[19] SC 7. CAT 1069.

[20] BENEDICTO XVI. Discurso a los obispos brasileños de la región norte II. 15 de Abril de 2010.

[21] MD 28.

[22] MD 30.

[23] Idem.

[24] SC 1.

[25] LOR. Roberto De Mattei. "El mito romano antiguo y la secularización." 17 de setiembre de 2008.

[26] Cf. Monseñor NICOLA BUX. Conferencia en la ciudad de Trento. 3 de setiembre de 2008.

[27] MD 64.

[28]DISPUTATIONES-THEOLOGICAE.blogspot.com. Entrevista a Monseñor Nicola Bux. 24 de abril de 2010.

[29]BENEDICTO XVI. Discurso citado.

[30]MD 65

[31]MD 18.

[32]CIC cánones. 213 y 214.

[33]SC 22 §3.

[34]ZENIT. org. Entrevista a Monseñor Nicola Bux. 23 de marzo de 2010.

[35]LOR. Conferencia de Monseñor Guido Marini pronunciada en la arquidiócesis de Génova. 14 de noviembre de 2009.

[36]LOR. 31 de enero de 2010.

[37]BAC. "Documentos de la Congregación para la Doctrina de la Fe (1966-2007)" paginas 28-31. Este documento se encuentra también en el sitio web oficial de la Congregación: www.doctrinafidei.va.

[38]IL GIORNALE. Entrevista de Andrea Tornielli al Cardenal Antonio Cañizares. Diciembre de 2010.

[39]KLAUS GAMBER. "La reforma de la Liturgia Romana." Ediciones Renovación. Madrid. 1996. Página 18.

[40]JOSEPH RATZINGER, Cardenal. "Dios y el Mundo. Una conversación con Peter Seewald". Random House Mondadori. Barcelona. 2005. Páginas 393-394.

[41]Se refiere al motu proprio *Summorum Pontificum*.

[42]MONDE ET VIE. Entrevista de Daniel Hamiche a Fray Claude Barthe. 20 de setiembre de 2010.

[43]Mensaje a los participantes del 49° Congreso Eucarístico Internacional realizado en Quebec. 22 de junio de 2008.

[44]Los Padres conciliares veían sus proposiciones de reforma como una continuación de la reforma de san Pío X (SC 112 y 117) y del siervo de Dios Pío XII. Obsérvese que la encíclica más citada en SC es la Mediator Dei de Pío XII.

[45]SC 3.

[46]SC fue promulgada al final de la segunda sesión del Concilio Vaticano II el día 4 de diciembre de 1963. La votación final es elocuente del grado de consenso que se alcanzó en aquel momento: 2.158 votos a favor y solamente 4 en contra.

[47]JUANPABLO II. Carta Apostólica *Vicesimus Quintus Annus* 1.

[48]SC 1.

[49]Su nombre completo era: *Consilium ad Exsequendam*

Constitutionem de Sacra Liturgia. Fue instituido por Pablo VI el 13 de enero de 1964 en orden a la puesta en práctica de *Sacrosanctum Concilium*.

[50] Cf. JUAN PABLO II. Carta Apostólica *Vicesimus Quintus Annus* 5 a 9.

[51] SC 1.

[52] NICOLA BUX. "La reforma de Benedicto XVI. La liturgia entre la innovación y la tradición." Ciudadela Libros. Madrid. 2009. Introducción escrita por Vittorio Messori. Páginas 22 y 23.

[53] VITTORIO MESSORI. "Informe sobre la fe". Libro-entrevista al Cardenal Ratzinger. Capítulo 9. Página 63.

[54] Bis anterior.

[55] Ideología: "idea preconcebida aplicada a la historia de la Iglesia y que nada tiene que ver con la fe auténtica." LOR. Monseñor Guido Marini. Conferencia en la Arquidiócesis de Génova. 14 de noviembre de 2009.

[56] JOSEPH RATZINGER. "Mi Vida, Recuerdos (1927-1977)". Encuentro. Madrid. 1997. Página 124.

[57] TEMPI. Reportaje a Monseñor Nicola Bux. 16 de diciembre de 2010.

[58] VITTORIO MESSORI. Obra citada. Capítulo 9. Página 63.

[59] ALFONS M. STIKLER, Cardenal. "El Concilio, el *Novus Ordo Missae* y las innovaciones litúrgicas sin fin". Artículo aparecido en la revista "Latin Mass". Diciembre de 1998.

[60] Bis 56.

[61] MARC AILLET. Obispo de Bayona, Francia. Conferencia pronunciada en el Congreso teológico celebrado en Roma con ocasión del Año Sacerdotal. 11 de marzo de 2010.

[62] JUAN PABLO II. Mensaje a los obispos de EE.UU, en visita *ad limina*. Año 1988.

[63] ALBA DIGITAL.es. Reportaje a Monseñor Nicola Bux. 12 de mayo de 2010.

[64] Bis anterior.

[65] Cf. RS 46.

[66] ALFRED HUGHES, Arzobispo de New Orleáns. Artículo reproducido en la página web de la diócesis.

[67] JOSEPH RAZTINGER, Cardenal. Conferencia sobre la eclesiología de la *Lumen Gentium*. Congreso Internacional sobre la aplicación del Concilio Vaticano II organizado por el Comité para el

Gran Jubileo. Roma. Año 2000.

[68]Cf. SC 22.

[69]JOSEPH RATZINGER, Cardenal. "Dios y el mundo. Una conversación con Peter Sewald." Random House Mondadori SA. Barcelona. 2005. Página 393.

[70]GUIDO MARINI. Conferencia pronunciada en el marco del "Curso para animadores musicales de la liturgia" de la Arquidiócesis de Génova. 14 de noviembre de 2009.

[71]JOSEPH RATZINGER, Cardenal. "La intrepidez de un verdadero testigo" en "La Reforma de la Liturgia Romana" de monseñor Klaus Gamber, escrito por el Cardenal a modo de introducción e "in memoriam" del ilustre autor. Ediciones Renovación. Madrid. 1996. Página 8.

[72]VITTORIO MESSORI. Citado.

[73]TEMPI. Reportaje citado.

[74]LOR. Entrevista a Monseñor Alberto Malcolm Ranjith Patabendige, entonces Secretario de la Congregación para el Culto Divino y la Disciplina de los Sacramentos. Edición del 19-20 de noviembre de 2007.

[75]REVISTA RADICI CRISTIANE. Número 42. Entrevista a monseñor Guido Marini, Maestro de las Celebraciones Litúrgicas Pontificias. Marzo de 2009

[76]LA VOCE DE ROMAGNA. Entrevista a Monseñor Luigi Negri, obispo de San Marino-Montefeltro. 28 de diciembre de 2010.

[77]GUIDO MARINI. Conferencia citada.

[78]UWE MICHAEL. LANG. "Rivolti al Signore". Cantagalli. Siena. 2006, p. 32.

[79]BENEDICTO XVI. Prefacio al primer volumen de su "Opera Omnia". Roma. Librería Editrice Vaticana. 2008.

[80]MARK DANIEL KYRBY, prior del Monasterio benedictino de Nuestra Señora del Cenáculo en Tulsa, Oklahoma. Ofrece estas diez ventajas a partir de su propia experiencia sacerdotal luego de cinco años de celebrar *versus orientem*. Antes lo hacía exclusivamente *versus populum*.Es por consiguiente, un testimonio de altísimo valor eclesial. El Obispo Edward J. Slattery de la Diócesis de Tulsa estableció el monasterio en 2009 con la misión distintiva de la adoración eucarística para la santificación de los sacerdotes. El texto fue tomado del blog de Kyrby en la web: vultus.stblogs.org

[81] PONTIFEX. Roma.it. Reportaje de Bruno Volpe a Monseñor Nicola Bux.

[82] BENEDICTO XVI. En el prólogo al libro "Rivolti al Signore" de Uwe Michael Lang.

[83] MD 86.

[84] Carta a los Obispos con motivo del motu proprio *Summorum Pontificum*. 7 de julio de 2007.

[85] IUE 2.

[86] IUE 7.

[87] SP. Palabras introductorias.

[88] RAYMOND LEO BURKE, Cardenal. Prefecto de la Signatura Apostólica. Prologo al libro del P. Gero P. Weishaupt "Päpstliche Weichenstellungen".

[89] IUE 8.

[90] IUE 6.

[91] En una carta inédita del Cardenal Ratzinger al padre Matías Augé, cmf del 18 de febrero de 1999 leemos: "(…) considero muy importante lo que respecta a la unidad del Rito Romano. Esta unidad no está amenazada hoy por las pequeñas comunidades que hacen uso del Indulto (se refiere al indulto que surge de *Quattuor Abhinc Annos* y de *Ecclesia Dei Afflicta*) y son con frecuencia tratados como leprosos, como personas que hacen algo indecoroso, más aún, inmoral; no, la unidad del Rito Romano está amenazada por la creatividad litúrgica salvaje, con frecuencia animada por liturgistas (por ejemplo, en Alemania se hace la propaganda del proyecto "Misal 2000", diciendo que el Misal de Pablo VI estaría ya superado). Repito lo que he dicho en mi intervención: que la diferencia entre el Misal de 1962 y la misa fielmente celebrada según el Misal de Pablo VI es mucho menor que la diferencia entre las diversas aplicaciones denominadas "creativas" del Misal de Pablo VI. En esta situación, la presencia del Misal precedente puede convertirse en un baluarte contra las alteraciones de la liturgia lamentablemente frecuentes, y ser de este modo un apoyo de la reforma auténtica. Oponerse al uso del Indulto de 1984 (1988) en nombre de la unidad del Rito Romano es, según mi experiencia, una actitud muy lejana de la realidad." Queda claro pues que Benedicto XVI siempre pensó lo que ahora hace ley con *Summorum Pontificum*.

[92] Con anterioridad a la publicación de la IUE, algunos canonistas y pastores pensaban que bastaba el número de tres fieles para

hablar de "grupo estable". Decía al respecto el cardenal Castrillón Hoyos a Vittoria Prisciandaro, en mayo de 2008 en la revista mensual *Iesus*: "También el número es una cuestión de buena voluntad. En algunas parroquias, especialmente en el campo, en los días laborables las personas que participan en la Misa ordinaria son tres o cuatro, y lo mismo ocurre en no pocas casas religiosas. ¿Por qué si esas mismas tres personas piden la Misa antigua sería pastoralmente necesario rechazarla?".

[93]PONTIFICIA COMISION *ECCLESIA DEI*. Protocolo 97/09 del 18 de julio de 2009.-

[94]Cf. IUE 30.

[95]Cf. IUE 13 y 14.

[96] Cf IUE 32.

[97]IUE 34.

[98]IUE 31.

[99]CIC can. 564: "El capellán es un sacerdote a quien se encomienda establemente, al menos en parte, la atención pastoral de alguna comunidad o grupo de fieles, para que la ejerza de acuerdo al derecho universal y particular."

[100]Cf. IUE 9.

[101]Cf. IUE 10 §1.

[102]Cf IUE 10 §2.

[103]Cf. IUE10 §3.

[104]Audiencia del 7 de octubre de 2009.

[105]Desarrolló esta tesis en LOR del 17 de diciembre de 2008.

[106]PALAZZO APOSTOLICO. it. Entrevista de Paolo Rodari al Cardenal Cañizares. Enero de 2010.

[107]RAYMOND BURKE, Cardenal. Homilía en Misa del 11 de julio de 2010 en Irlanda.

[108]P. MANUEL MARIA DE JESUS. "*Summorum Pontificum. ¿Un problema o una riqueza?*" Editor: Manuel Folgar Otero. Madrid. 2010. Página 53.

[109]LA VOCE DI ROMAGNA. Entrevista a Monseñor Luigi Negri, Obispo de San Marino-Montefeltro. 28 de diciembre de 2010.

[110]LOR. "Reavivar el sentido litúrgico en la vida de la Iglesia". Artículo del Cardenal Antonio Cañizares del 2 de diciembre de 2010.

[111]PALAZZO APOSTOLICO.it. Entrevista citada al Cardenal Cañizares.

[112]Obsérvese que, a veces, utilizamos el término rito con criterio restrictivo. Como sinónimo de celebración litúrgica y no con el significado que también tiene, a saber, el de una tradición litúrgica con características propias y definidas (rito romano, mozárabe, ambrosiano, siríaco, etc.). Hemos dicho y reiteramos, que la forma extraordinaria no es un rito distinto a la forma ordinaria sino que forma parte junto con ésta del único rito romano o latino. Sólo es posible hablar de rito extraordinario entendiendo por tal: celebración litúrgica en la forma extraordinaria del rito romano, y no con otro sentido.

[113]P. MANUEL MARIA DE JESUS. Obra citada. Página 55.

[114]NICOLA BUX. "La reforma de Benedicto XVI. La liturgia entre la innovación y la tradición". Ciudadela Libros. Madrid. 2008. Página 14.

[115]P. MANUEL MARIA DE JESUS. Obra citada. Página 60.

[116]Carta a los Obispos que acompaña al motu proprio *Summorum Pontificum.*

[117]PAIX LITURGIQUE. es. Reportaje a Monseñor Athanasius Schneider, obispo auxiliar de Karaganda en Kazajstán. Octubre de 2010.

[118]PAIX LITURGIQUE.es. Reportaje citado.

[119]PAIX LITURGIQUE.es. Reportaje citado.